사람을 살리는
은행혁신

사람을 살리는

은행혁신

●

이토 시게오 지음
강신규 옮김

21세기북스

옮긴이의 말 ···

　현재 국내 은행들은 급격한 경제적 환경변화와 맞물려 대내외적으로 커다란 어려움에 직면해 있다. 대외적으로는 97년 실시 예정인 금융시장 개방으로 거대한 외국 은행들과 국내시장에서 직접 경쟁하지 않으면 안되는 절박한 상황에 놓여 있다. 자본금이나 자본생산성, 그리고 경영효율성에 있어 현격한 열세인 국내 은행들이 외국은행 특히, 고도의 영업기법을 구사하는 일본은행의 국내시장잠식을 막지 못다면 제2의 '마일드세븐' 과 같은 사태를 초래할 가능성은 충분하다.

　한편 대내적으로는 최근 중견기업과 중소기업의 도산 급증으로 7대 시중은행의 부실채권이 급증하고 있으며 주식시장 침체로 유가증권평가손이 늘어나는 등 금융기관들의 경영상태가 매우 어려운 상황에 처해 있다. 이와 같이 국내 은행들이 세계시장 진출은 고사하고 국내에서조차 이렇게 고전할 수밖에 없는 이유는 무엇인가?

　먼저 국내 은행의 성립배경을 보자. 모두 알다시피 국내 은행들은 국가의 경제정책에 따라 설립되었고 이후로도 오랫동안 정부 보호하에 기업과 서민 위에서 절대적인 우위를 점한 채 안정된 수익을 보장받아 왔다. 이러한 발전과정은 빈약한 자본여건을 극복하고 금융과 기업의 발전을 가능하게 하였으나 시간이 경과할수록 과정적 모순이 두드러질 수밖에 없었다. 그 결과 은행 편의 위주의 열악한 대고객서비스, 과다한 금융비용, 경쟁력 저하는 물론이고 화폐유출 사건, 기업계와의 유착 의혹, 각종 횡령 등 기본 윤리마저 상실하기에 이르렀다.

　그 다음으로는 은행 자체의 경영혁신에 대한 의지부족을 들 수 있다. 비단 은행에만 해당하는 이야기는 아니지만 특히 자본의 흐름에 민감해야 하는 은행업은 시장변화에 카멜레온처럼 적응할 수 있어야 한다.

　이제는 예전처럼 어떤 산업분야가 중요하다고 해서 정부가 일일이 챙

기기도 어렵거니와 만일 그렇게 했다간 WTO에 제소되기 십상이다. 결국 은행 생존을 위한 처방은 은행 스스로 강구하지 않으면 안될 것이다.

이러한 면에서 이 책의 저자인 이토 시게오(伊藤茂男) 씨는 약 40년 동안 일선 현장에서 근무하면서 직접 경영혁신을 추진하였던 경험과 그 방법을 너무나도 생생하게 기술하고 있다. 이 책에서 저자가 주장하는 내용은 현재 강도높은 경영혁신을 추진해야 하는 국내 금융기관들에게 너무나도 많은 시사점을 제시하고 있다. 무엇보다도 이 책은 국내 은행들이 일본을 극복하고, 제2의 마일드세븐과 같은 사태를 미연에 방지하는데 천금을 주고도 얻기 어려운 명약이 될 것이다.

우선 국내 은행들이 효율적인 경영혁신을 추진하기 위해서는 지금까지 몸에 배인 보수적이고 구태의연하며 무사안일한 현상에서 벗어나겠다는 굳은 각오가 필요하다. 이 책을 살펴보면 알 수 있듯이 실제로 우리 은행과 일본 은행은 경영에 대한 근본 발상 자체부터 전혀 다르다는 것을 알 수 있다. 즉, 경영혁신이 상부하달식의 구호에 그치는 것이 아니라 최고경영자를 비롯한 모든 구성원들이 조직에 대한 책임을 분담하게 되고 혼신의 노력을 기울이고 있으며 만약 결과가 좋지 않으면 그에 대한 책임까지도 지고 있다.

마지막으로 이 책이 나오기까지에는 일본 와코(和光)증권의 우라 신이치(浦伸一)소장, 후지(富士)은행 서울지점의 다카하시(高橋)과장, 경기대학교 김병식 교수, 경산대학교 정원길 교수, 생명보험협회 신이영 이사의 조언이 컸음을 밝힌다.

1997. 3

강신규

지금 새삼 은행경영을 이야기해야 하는 까닭은 무엇인가?

거품경제의 붕괴는 일본의 금융·증권계에 커다란 상처를 남겼다. 특히 은행에는 금융사고의 빈발, 부동산·논뱅크 융자의 불량채권화 등 경영에 적지 않은 영향을 끼치게 될 부채를 안겨 주었다. 이에 업계와 은행에서는 실적위주의 경영자세를 반성하고 업무 운영체제를 재검토하기에 이르렀지만 그것은 주로 사회 비판에 대한 자숙의 성격이 강하다고 생각된다.

물론 과도한 행위나 잘못은 당연히 고쳐야 하지만 지금은 해서는 안된다(금지조항)나 방어적 자세를 취한다고 경영이 호전될 정도로 쉬운 시대가 아니다. 규제와 검토만 강조한다면 본부는 그렇지 않아도 빠지기 쉬운 방어적 자세로 돌아가 버린다. 조직운영도 경직화, 관료화되어 제일선에 대한 책임 추궁에 중점을 두게 된다. 그 결과 영업점의 자주적인 운영은 훼손되고 실수만 안하면 된다는 무사안일주의의 분위기가 생기기 쉽다. 영업도 형식적으로 자리잡아 진지한 협상은 꼬리를 감추게 되고 자연히 실적도 떨어진다.

이러한 상황이 계속되면 행원은 위축되고 불평불만과 스트레스만 쌓여 착오와 실패도 더 늘어나게 된다. 자유롭고 활달한 '활력'이 사라질 때의 결과란 무서운 것이다. 따라서 그러한 상태에 빠지지 않도록 노력해야 할 것이다.

거품경제의 문제가 아니었어도 은행을 둘러싼 환경은 어려워졌을 것이다. 시대가 발전할수록 다음과 같은 여러 가지 어려운 문제가 나타난다.

- 금리자유화의 진전에 따르는 코스트 인상
- 업무자유화에 따르는 경쟁의 가속화

- 자기자본비율(BIS) 규제에 의한 자산 증가의 둔화
- 자산이익률(ROA)의 저하
- 정보기술의 진전에 따른 시스템 투자의 증가
- 고객 기호의 다양화·고도화에 대한 대응

이러한 문제들은 과거의 연장선상에서 해결할 수 없다. 새로운 경영 방침으로 대응해야 한다.

기업도 시대와 함께 변해야 한다. 살아남으려면 시대에 알맞는 경영 체질을 만들어내야 한다. 단순한 개선이 아니라 구성원 전원이 함께 비전을 실현해 나가는 일종의 거대한 프로젝트이다.

필자는 새로운 기업체질을 만드는 데 전력을 다해 왔다. '활력있는 기업'을 프로젝트의 목표로 삼아 구체적으로 무엇을 해야 하며, 사람들을 이해시키고 협력하게 만들려면 어떻게 할 것인가를 매일 고민했다. 사람을 대상으로 하는 의식개혁인만큼 반발도 참아내야 했고 공감대 형성이 얼마나 어려운지도 뼈저리게 느껴야 했다.

이 책은 은행을 떠나면서 인생의 한 시기를 정리해 본 나의 부끄러운 실천 기록이다. 글쓰기는 초보자인 내가 책을 쓰고자 마음 먹은 것은 다음의 이유때문이다.

첫째, 뛰어난 기업풍토를 가지고 있더라도 조직은 시간의 흐름에 따라 쇠퇴를 피할 수 없다. 이를 방지하려면 '무엇을 위해' '무엇을 목적으로'라는 출발점으로 돌아가 현상을 되살펴보아야 한다. 그런 의미에서 '새로운 은행 만들기'를 시작했던 사람으로 다음 사람들에게 출발점을 분명히 알려줄 책임이 있다고 생각했다.

둘째, 젊은 사람들이 올바른 문제의식을 갖기 바라는 마음이다. 아무리 훌륭한 회사라도 문제점이 전혀 없을 수는 없다. 하지만 단순한 비

판이나 불평불만으로는 아무것도 변화시킬 수 없다. 개선에 스스로 참가하여 힘을 모으는 것이 중요하다. 또 문제를 해결하려면 여러 가지 어려움이 따르는 경우가 많다. 그럴 때는 포기하지 말고 자신이 그 일을 처리할 수 있는 지위에 오를 때까지 기다려라. 올바른 문제의식을 가지고 시간을 투자해 그것을 검증하라. 그리고 리더가 되었다면 개혁을 실천에 옮길 각오를 해야 한다. 젊은 사람들이 올바른 문제의식의 불씨를 계속 간직하는 것이 개혁의 최대 원동력이다. 이 책이 젊은 사람들이 미래의 개혁 추진자가 될 수 있도록 올바른 문제의식을 갖는데 조그만 도움이 된다면 더없이 기쁘겠다.

마지막으로 이 글을 쓰게 된 까닭은 많은 경영자들과 만나면서 업종이나 규모에 상관없이 기업을 활성화시키는 것이 최대의 경영과제라는 이야기와 그것을 어떻게 실현할 수 있을까 고민하고 있다는 이야기를 많이 들었기 때문이다. 필자의 부끄러운 경험담이 작은 도움이 되기를 진심으로 바란다.

NAC활동, F100작전, 아치21활동 등 프로젝트를 추진할 때 본부 관계자와 전직원에게 진심어린 지원을 받았다. 이 모든 분들의 성원이 없었다면 결코 성공하지 못했을 것이다. 새삼 마음에서 우러나오는 고맙다는 인사를 전하고 싶다.

쉰 살을 앞두고 돌아가신 어느 기술자가 남긴 "나는 어떠한 일에도 전력을 다했다. 미련은 있지만 후회는 없다"라는 마지막 말이 가슴에 사무친다.

이토 시게오

차례 ···

은행이라는
운명공동체

1. 풋내기 지점장 분투기

1980년 5월, 필자는 도쿄 지점장으로 발령 받았다. 나이 오십이 되어 처음 겪는 영업점 일이었다.

그 전까지 나는 외국부장, 경리부장을 거치면서 전문가 집단의 아마추어 부장으로 일해 왔다. 그 때는 사람들이 자신의 능력을 모두 발휘해서 일할 수 있도록 인간관계에 중점을 두고 활성화된 집단을 만들고자 애썼다. 그런데 전체 인원수가 백 명이나 되고, 게다가 업무조차 다양한 지점을 과연 내 뜻대로 잘 운영해 나갈 수 있을지 스스로도 자신이 없었다.

우선, 제일 먼저 지점의 현황을 파악하기로 했다.

첫째로 주목한 것은 부임 직후 열린 행원 위로여행이었다. 불참자가 많았는데 더구나 전체 인원의 반수를 차지하는 젊은 여행원들이 보이지 않았다.

또 당연히 스스로 알아서 처리해야 할 하찮은 일까지 하나 하나 지점장에게 상의하는, 지점장 중심의 전형적인 관료적 조직을 거기에서 보았다. 과연 사람들은 이러한 직장에서 일하는 것이 재미있을지 의문이 생겼다.

피라미드형 조직을 무너뜨리다

직장은 한 척의 배와 같다. 그 안에는 갖가지 일을 하는 사람들이 있다. 모두가 자신의 일을 스스로 알아서 잘 처리할 때 비로소 배는 앞으로 나아간다. 선장의 역할은 배가 나아가는 방향을 확인하면서 키를 잡고 선원들이 마음껏 일할 수 있도록 만반의 준

비를 해주는 것이다. 거기에는 지위나 신분의 차이가 아니라 역
할의 차이만 있을 따름이다. 여태까지 이러한 사고방식으로 일해
온 나로서는 도쿄 지점의 피라미드형 조직구조를 무너뜨리는 것
이 당면 과제일 수밖에 없었다.

먼저 은행의 풍토를 바꿔놓으려고 여러 가지 조치를 취했다.

행원 위로여행은 행선지 결정부터 행사의 기획까지 모든 절차
를 행원의 대부분을 차지하는 젊은이들에게 맡겼다. 나는 젊었을
때부터 돈은 똑같이 부담하면서 윗사람이라고 우대받는 것은 말
도 안된다고 생각해왔다. 그런 생각을 실행에 옮긴 것이다. 버스
좌석이나 연회 자리도 모두 제비뽑기로 결정했다. 사실 관리자도
일반 참가자의 한 사람에 불과하지 않은가. 또 술자리는 업무의
연장이 아니므로 지점장 인사말은 없애고 젊은 사람들 중심으로
철저히 즐기도록 만들었다.

젊은이들의 아이디어는 놀라운 법이다. 여행은 갈수록 재미있
어졌고 나도 그 일원으로 아주 즐거운 시간을 보냈다. 당연히 불
참자는 점점 줄어들었다. 심지어 퇴직한 여성까지 참가한 적도
있었다.

또 나는 행원 한 사람 한 사람과 직접 접할 수 있는 기회를 되
도록 많이 만들고자 했다. 각 부서의 각종 술자리에 금일봉을 가
지고 거의 빠짐없이 참가하였다. 무릎을 맞대고 술잔을 나누며
한명 한명과 이야기를 나누면 사람들마다 업무상의 고충, 가정의
괴로움 등 겉으로 드러나지 않는 갖가지 문제가 정말 많다는 사
실을 알 수 있었다. 덕분에 지나치게 술을 많이 마시고 건강을 해
치는 바람에 아내에게 혼이 나기도 했다.

그 사이 어느 행원의 이혼 문제를 해결해 주기도 했고 가족을

암으로 잃은 사람에게 마음의 위로가 되어주기도 했다. 가능하면 상대의 입장에 서서 사람들을 내 가족처럼 사귀고자 했다.

이런 일도 있었다. 어떤 젊은 남자행원과 술을 마실 때였다. 그는 파마를 했다고 당시 지점장에게 혼이 났다는 이야기를 했다. 나도 예전에 아내와 딸의 성화에 못이겨 파마를 한 적이 있었다. 그뒤 파마가 머리모양을 단정히 만드는 데 편리하다는 사실을 깨달았다. 나는 지금까지 파마를 하고 있다. 파마를 한 이후 젊은이들이 술이나 한 잔 마시자며 청해오는 일도 생겼다. 그럴때면 나도 그들처럼 젊어진 듯한 기분이었다.

도쿄지점에 부임하기 전 전임 지점장에게 은행일에 반발하는 여성들을 조심하라는 충고를 들었다. 하지만 옳다고 생각되는 일은 전례나 관행을 무시하고 척척 채용, 실행했기 때문에 여행원들도 고집을 부리지 않고 오히려 활동의 중심이 되어 적극 협력해 주었다. 참으로 고마운 사람들이다.

그 밖에도 즐거운 추억이 가득하다. 운동회가 열리면 먼저 앞장서 춤을 추기도 했고 은행 안에서 책상을 한쪽으로 밀어내고 파티를 열기도 했다. 시간이 흐르면서 신입행원과 운전수들까지 친근감과 애정을 담아 나를 '보스'라고 불렀다.

자유롭고 활달한 풍토가 행동을 낳는다

이리하여 피라미드형 조직구조가 조금씩 허물어지기 시작했다. 꿈에도 그리던 일이었다. 지점장이 스스로를 위대하다고 생각하는 한 피라미드형 조직구조는 무너지지 않는다는 것을 다시 한번 느꼈다.

사람들이 자유롭게 말할 수 있는 풍토가 조성되자 행원들에게 은행의 기본방침을 명시하고 전원을 이해, 납득시키는 일이 더욱 쉬워졌다.

방침을 실천할 때에는 전원 참가에 중점을 둔 결과, 스스로 중심이 되어 행동하는 사람이 늘고 모든 행원이 생기있게 움직이게 되었다. 또 문제가 일어나면 누구나 적극 참가하여 본심을 털어놓고 서로 돕는 활기찬 집단이 되었다. '살아있는 이토 군단(軍團)'이라는 별명이 생기고 도쿄 지점으로 전근을 희망하는 사람들이 늘어났다.

부임 후 3년이 지나 도쿄 지점을 떠날 때에는 모든 행원들이 눈물로 전송해 주었다. 나는 지금까지 그 때의 행복과 감동을 잊을 수 없다.

2. 수평한 관계

사람들은 보통 잘 알지 못하는 사람과 이야기할 때면 마주보고 앉는다. 비록 말을 나누지 않더라도 서로 얼굴을 볼 수 있게 자리잡는 것이다. 자그마한 찻집에서 그저 말없이 마주앉아 있는 사람들은 알고보면 대부분 처음 만난 사이이다. 어느 정도 마음이 통하게 되면 대체로 옆으로 나란히 앉는다. 식사 뒤 커피를 나누며 좀더 이야기하고 싶을 때 딱딱하게 마주앉는 사람은 드물다.

아주 친숙해지면 어느 사이엔가 좀더 옆으로 붙어 앉는다. 공원 벤치에 나란히 앉은 두 사람이 허리를 껴안고 발을 흔들거리면서 이야기에 열중하는 모습은 영화에 자주 등장하는 연인들의 장면이다. 언제 보아도 흐뭇한 풍경이다. 상하가 아닌 평등하고 수평한 관계는 언제나 보기 좋다.

사람들은 속마음을 알고 나면 희안하게 앞·뒤도 위·아래도 없는 수평한 관계에서 편안함을 느낀다. 똑같은 목적 아래 힘을 합쳐 무언가를 하려는 사람들에게도 종적으로 연결된 피라미드형이 아니라 가로로 연결된 수평조직, 곧 팀 조직이 가장 자연스러운 관계이다.

알지 못하는 사람을 강제로 통제하려고 권위를 내세울 때 나오는 것이 피라미드형 조직이다. 그러나 친밀한 사람들 사이에는 권위에 의한 통제가 아니라 목적에 의한 연대, 기능에 의한 분담 쪽이 자연스럽다. 마음이 통하는 사람들끼리 연결되어 옆 사람의 따스함을 느끼면서 편안하게 일하는 것, 이것이 바로 개성이 살아 숨쉬는 수평한 팀 조직이다.

구태여 덧붙일 필요는 없겠지만, 딱딱하기 쉬운 근무환경을 어떻게 하면 일하기 편한 곳으로 만들 수 있을까는 평소 최대의 관심사이기도 했다. 그래서 내가 감명받은 한 구절을 나름대로 해석을 붙여 여러분에게 소개하고 싶다.

종적 조직의 폐해

우리가 일하는 곳에는 지점장-차장-대리-일반 행원이라는 종적인 피라미드형 조직이 존재한다. 이러한 조직의 의미를 부정하는 것은 아니다. 전체를 유기적으로 움직이고 책임을 분명히 설정하기 위해서 꼭 필요한 틀일지 모른다. 특히 위급한 상황에서는 명령계통을 명확히 하고 전원이 일사불란하게 행동해야 하는데, 그때에는 종적 조직이 한층 효과를 발휘한다. 군대가 전형적으로 종적 조직인 것도 그러한 이유때문이다.

그런데 종적 조직 즉, 상하 관계만을 지나치게 강조하면 오히려 여러가지 폐해가 생긴다는 것도 부정할 수 없다. 극단적인 경우에는 위에서 하달되는 명령만 중시되어, 상부는 독선에 빠지고 아래는 상부의 눈치만 보게 되어 일다운 일이 이루어지지 않는다. 책임을 전가하는 핑계가 넘치거나 "말해봤자 쓸데 없다"는 무력감이 생기는 것도 대부분 이런 경우이다.

지점장이라는 자리를 맡아 책임자로서 각종 방침과 최종 판단에 쫓기다보니 나에게 근거가 될 만한 판단 자료가 얼마나 부족한지 뼈저리게 느꼈다. 대부분의 경우 자신의 머리 속에 있는 판단 자료란 극히 사소한 것 뿐이며, 점포의 전체 업무를 언제나 정확히 파악한다는 것도 어려운 일이다.

그러므로 실제체험에 근거해 올바른 상황판단을 내리기 위해서는 솔직한 태도로 적절한 정보를 가진 부하에게 자료를 제공받는 방법밖에 없다. 그렇지 않고 자신의 고집을 내세우며 부족한 머리에서 억지로 판단을 짜내 후회한 경험이 여러분에게도 적지 않을 것이다.

그러나 독선적인 명령이나 잘못된 판단을 내리지 않으려고 노력해도 부하들이 위만 바라보고 명령을 기다린다면 그것도 심각한 문제이다. 윗사람의 자세도 고쳐야 하겠지만, 동시에 부하도 스스로 알아서 역할을 수행하며 상사의 잘못된 생각을 자신이 가진 정보로 수정해 주려는 상부상조의 자세가 가장 바람직하다.

내 머리 속의 판단 근거는 어처구니없을 만큼 변변치 못하다. 때문에 싫어도 직원들에게 부탁해 그때 그때 정확한 정보를 제공받지 않으면 어느 것 하나 제대로 판단할 수 없다. 그래서 나는 피라미드형 조직만으로는 자신의 책임을 수행할 수 없다는 사실을 기꺼이 인정한다.

은행이라는 이름의 운명공동체

나는 모든 일에서 종적 관계가 아니라 '수평한 관계'를 더욱 중시한다. 모든 직원들에게도 항상 이것을 강조해 왔다.

'수평한 관계'란 한 마디로 배를 움직이는 선원들의 관계이다.

배에는 보일러를 담당하는 사람, 키를 잡는 사람, 식사를 만드는 사람부터 선장까지 온갖 일을 하는 사람들이 있다. 이들이 하는 일은 각각 다르지만 그것이 모여 배를 움직인다. 어느 것 하나 빠져서도 안되며 나아가 서로의 일이 상하관계를 이루는 것도 아니다. 각자 자신이 맡은 일을 정확히 수행할 때 비로소 배는 올바른 방향으로 나아가게 된다.

이것이 바로 공동작업이다. 공동작업은 각자가 전체 속에서 자신의 역할을 정확히 인식하고 책임있게 맡은 일을 수행하는 자세가 가장 중요하다. 나아가 다른 사람의 일과 역할도 충분히 파악하여 서로 자진해서 지원하고 보완해야 한다. 배가 가라앉으면 모두 함께 가라앉아 버린다. 이런 운명공동체 의식이 공동작업에서는 빼놓을 수 없는 핵심이다.

지점과 본부의 각 부문은 저마다 한 척의 배와 같다. 공동작업이라는 점에서 보면 과(課)와 계(係)도 마찬가지이다. 어쩌면 은행 전체가 하나의 목적을 위해 움직이는 커다란 배인지도 모른다.

중간 다리 역할을 하는 관리자가 명령을 내리지만, 결코 권위를 과시하기 위해서가 아니라 배를 올바른 방향으로 끌고가기 위해 목표를 부여하거나 일이 제대로 되고 있는지 확인할 필요가 있기 때문이다. 그것은 관리자의 역할에서 나오는 임무 중 하나에 불과하다. 창구계(窓口係)가 고객을 만나는 일을 하고 오퍼레이터가 컴퓨터와 전화교환기·타자기를 움직이듯, 판단하거나 체크하고 총괄 명령하는 것이 그들의 업무일 뿐이다. 관리자는 위대한 사람도, 위에 있는 사람도 아니다. 그저 여러 가지 기능 가운데 한 가지를 맡고 있는 사람이다. 이러한 사고방식이 바로 '수평한 관계' 라는 말의 의미이다.

명령계통이라는 이른바 종적 조직이 있다면 그것은 관리자의 일에 대한 이해와 협력을 말한다고 받아들여야 할 것이다. 관리자는 명령하거나 체크할지 모르지만 반면 그에 대한 결과를 최종적으로 책임진다. 부하들은 그 점을 이해해야 한다. 또 반대로 관리자도 부하들 각자의 역할을 이해하고 그들이 역할을 완수할 수 있도록 배려해야 하며 판단 근거로 제공되는 정보에 솔직하게 귀를 기울여야 한다.

우리가 가장 존중해야 할 것은 상·하라는 딱딱한 관계가 아니라 역할 분담이라는 인식으로 서로 옆 사람의 온기를 느끼면서 협력하여 자유롭게 공동작업을 할 수 있는 '수평한 관계' 이다. 만약 직장에 이런 공감대가 형성된다면 모든 일이 쉽게 풀릴 것이다.

제1장

활성화 풍토만들기

- NAC활동 추진방법 -

1. '살아있는 집단'을 만들라!

언젠가 이런 이야기를 들은 기억이 있다. 한 지역 안에서 비슷한 규모의 다른 점포에 비해 매출이 두드러지게 높은 술도매상이 있었다. 그 이유를 조사해 보니, 단골의 배달주문에서 차이가 났다. 그 도매상은 맥주를 주문받으면 당장 마실 수 있도록 꼭 차가운 것을 몇 병 넣어 배달해 주었다. 결국 고객의 입장에 서서 조금이라도 도움이 되려고 한 마음 씀씀이가 고객에게 인정받아 전체 매출을 올려주었다는 이야기이다.

좋은 물건을 값싸게 파는 것도 매출을 올리는 데 필요하다. 그러나 오늘날처럼 상품의 동질화가 발달된 상태에서 상품 자체로 차별화하기란 어려운 일이다. 또 차츰 다양하게 변하는 고객의 기호로 모든 사람을 만족시키기도 어렵다. 그러므로 오늘날에는 다양한 계층의 고객 기호를 정확하게 파악하여 만족할만한 상품과 서비스를 고안한다거나, 고객에게 적절한 정보를 제공하는 일이 영업에서 가장 중요한 몫으로 떠오르고 있다.

이러한 일을 추진하는 것은 바로 '사람'이고 거기에 따르는 판단을 내리는 것도 사람이다. 이것은 한정된 전문가만 하는 일이 아니다. 이제는 베테랑에서 신입사원에 이르기까지 기업집단을 구성하는 모든 사람이 경영마인드를 지니고 고객의 입장에서 활동해야 한다.

결코 말처럼 쉬운 일은 아니다. 하지만 활성화된 직장, 구성원 전원이 자신의 역할을 인식하여 자주적이고 적극적으로 행동하는 이른바 '살아있는 집단'의 기업에서 종종 접할 수 있는 예이다.

오늘날 경영자나 관리자의 가장 중요한 역할 중 하나는 기업 활성화를 위해 어떻게 살아있는 집단 풍토를 만들고 운영하는가라고 할 수 있다.

젊은이가 조직의 생명

현재 회사 안팎에서 주류를 차지하는 전후세대들은 전쟁을 겪은 기성세대들과 자라온 환경과 교육방법이 다르다. 따라서 당연히 사고방식도 다르다. 이런 젊은이들이 회사의 주류를 차지하고 있다면, 직장의 활성화란 결국 그들이 얼마나 활기있고 편안하게 일하고 있는가와 통할 것이다.

한 예로 회사의 술자리 등과 같은 모임에서 젊은이들이 주역이 되어 분위기를 주도하는 회사는 조직도 활성화되어 성과가 치솟는다고 한다. 요컨대 그러한 회사는 평소 자유롭게 자신의 의견을 말할 수 있는 직장으로서 활기에 넘친다는 말이다.

나는 활성화된 조직풍토를 만들기 위해 NAC(New Ashigine Creative:새로운 아시카가 은행 만들기)활동이라는 소집단 활동을 제안, 추진하였다. 이 활동은 젊은 사람들이 자주적으로 주변의 문제를 제기하고 개선해 나간다는 내용으로 QC(Quality Control: 품질관리)활동과 비슷하다. 단, 지점장 이하 전직원이 참가하여 새로운 시대에 발맞춰 은행의 체질 변화를 꾀하는 회사 전체의 활동이라는 데 차이점이 있다.

총 692개의 서클 활동에는 아직 엉성한 점이 있지만, 차츰 자유롭게 무엇이나 말할 수 있는 밝은 풍토가 자리잡기 시작했다. 활발하게 움직이는 서클을 보노라면, 충족감에 가득차 즐거운 마음으로 과제해결에 매달리는 젊은이들의 모습이 눈에 띈다. 젊은

이들은 자신이 주체가 되어 내 일이라 생각할 때 활기있고 자유롭게 움직일 수 있는 모양이다.

　나 자신도 총지휘관으로 활동을 추진하면서 좋은 공부를 많이 하게 되었다. 지시와 명령, 질타와 격려뿐 아니라 젊은 사람들이 자기 자신의 행동목표를 세우도록 정보를 제공하고, 자주성을 발휘하여 스스로 의욕을 가지도록 일을 시키는 법, 또 그러한 풍토만들기가 조직의 활성화에 얼마나 중요한 영향을 끼치는지 몸으로 느낄 수 있었다.

　흔히 젊은 사람들은 자기중심적이어서 직장이나 조직에 대한 충성심이 없다고 말하는데 나는 그렇게 생각하지 않는다. 그들은 스스로 납득하고 흥미를 느낄 때는 자주적으로 알아서 움직인다.

　우리는 일반적으로 필요없는 관리를 줄이고 자유로운 분위기를 만드는 것이 기업의 활성화에 중요하다고 말한다. 마찬가지 의미에서 특히 젊은이들을 활성화시키려면 관리자가 쓸데없이 관리만을 강화해서는 안된다. 스스로 알아서 일할 수 있도록 맡기고 그저 전체가 흐트러지지 않는지, 방향이 어긋나지 않는지 등을 지켜보고 적절한 조언을 하는 편이 더 효과적이다.

　또, 관리자는 낡은 가치관에 얽매이지 않고 먼저 젊은이들의 사고방식을 이해하고 공감할 수 있도록 노력해야 한다.

2. NAC활동의 추진

나는 젊은 사람들과 함께 술을 마시거나 노는 일을 좋아한다.

성격 때문인지 모르지만 그때는 언제나 상사라는 사실을 잊고 그 속에 녹아 들어간다. 그러면 나도 즐겁지만 젊은이들도 생기발랄한 분위기가 된다.

그런데 그런 젊은이들이 직장에 들어오면 웬일인지 틀에 짜맞춘 표준형 인간으로 변해 활력을 잃어버린 느낌이 생긴다. 똑같은 사람인가 의심스러울 정도로 분위기가 달라지는 이유는 대체 무엇일까?

여러가지 이유가 있겠지만 가장 큰 원인은 관리조직이 필요 이상으로 꽉 짜여져 자유가 없고, 위에서 내려오는 명령과 기준목표에 따라서만 일하도록 되어 있는 풍토에 있는 것 같다.

직원들의 불평불만이 많고 그것을 주제로 한 책들이 잘 팔리고 있는 것만 보아도 알 수 있다. 또 경영자나 직원 모두 보람있는 직장을 만들자고 부르짖고 있지만 실제로 그렇게 운영되는 곳은 찾아보기 어렵다.

대체 모두가 원하는 신바람 나는 직장을 만들지 못하는 원인은 무엇일까? 혹시 보람있는 일이란 무엇이고, 어떻게 해야 신바람 나는 직장을 만들 수 있는지 경영자나 직원 모두가 알지 못하기 때문 아닐까?

우리가 일을 하는 이유는 지위나 돈을 바라기 때문일 수도 있지만 그것이 전부는 아니다. 사람에게는 자신이 원하는 일을 추진해서 자아실현을 꾀하고 싶다는 욕구가 있다. 하고 싶은 일을 완수했을 때 커다란 성취감과 충족감을 맛보게 되고 그것이 삶의 보람으로 이어진다. 의무적으로 만들어진 기준량이 아니라 스스로 세운 목표에 도전하고 그것을 달성했을 때 예전에 알지 못했던 기쁨을 느끼는 것이다.

직원 스스로 이러한 업무태도를 갖추려하고 경영자는 진심으로 그것이 가능한 분위기의 직장 만들기를 위해 노력할 때 비로소 업무나 조직에 대한 불평불만이 사라지고 젊은층까지 끌어당기는 매력있는 일터가 탄생한다.

'고객지향 · 고객 제일주의'라는 구호를 부르짖은 지는 벌써 오래전이다. 고객의 눈이 높아지고 기호가 다양하며 고도화되는 오늘날, 고객만족도(CS)를 높이는 일이 얼마나 중요한지는 구태여 말할 필요도 없을 것이다. 그러나 그것을 실현하기란 여간 어렵지 않다. 신상품 개발이나 기계 · ATM(역주:자동 예금인출예입 장치) 등 설비를 개선해도 그것만으로는 충분한 효과를 볼 수 없다.

고객의 만족도는 대부분 상품과 서비스를 제공하는 창구처럼 고객과 직접 만나는 현장 직원들의 태도에 달려있기 때문이다. 안내서를 갖추는 것뿐 아니라 고객과 직접 부딪치는 현장 직원들이 진심으로 고객의 입장에 서서, 어떻게 하면 도움과 만족을 줄 수 있을지 고민하고 노력하는 것이 고객만족도의 열쇠이다.

고객만족도를 높이고 기업 이미지를 향상시켜 단골을 만들고 실적을 올린다는 경영과제를 해결하기 위해서라도 직원들이 '고객제일주의'를 자기 목표로 삼고 거기에 적극 도전하여 자신도 성취감을 맛볼 수 있도록 유도하는 것이 무엇보다 중요하다.

1) NAC활동의 개념

NAC활동을 제창, 발족한 해는 1984년이었다. 그때 NAC활동을 시작하게 된 직접적인 계기는 다가올 금리자유화때문이었다. 금리자유화가 본격적으로 시작되기 전에 경영합리화와 인력절감

을 추진하여 금리자유화에 따르는 코스트 인상을 흡수할 수 있도
록 조직체제를 정비해야 했다.

　당시의 시뮬레이션에 따르면 금리자유화에 따르는 코스트 인상
을 흡수하려면 적어도 5년 동안 총인원에서 500명 이상을 감원해
야했다(NAC활동으로 효율화를 추진한 결과 500명을 감원한 것과 같
은 효과를 보았다.).

　인력절감의 중심은 사무 집중화(지구의 강화)나 일선 업무 및
기타 부문의 기계화 등 주로 조직체제면의 대응이었지만 그것만
으로는 충분치 않았다. 현장의 협력을 받아 사무처리의 합리화를
추진하여 업무 자체를 줄이는 일도 동시에 필요했다. 작업현장의
거부감을 무시하고 본부 주도로 강행한 인력절감정책은 성공한
예가 없기 때문이었다.

　그래서 나는 도쿄지점 시절의 경험을 살려서 사람은 일종의 자
원이기 때문에 그들을 활성화시킨다면 단순한 인원수 이상의 힘
을 발휘할 수 있다고 판단했다. 요컨대 직원들의 의식을 변화시
키면 두배 이상의 일을 처리할 수 있다. 게다가 일하는 기쁨을 맛
보면서 말이다. 그렇게 되면 직원들도 관리자와 똑같은 관점에
서서 생산성 향상에 협력하게 된다.

　나는 고민 끝에 이러한 살아있는 조직체제를 만들려면 소집단
활동을 추진해야 한다고 판단했다. 나아가 내가 생각한 소집단활
동은, QC활동과 달리 NAC라는 이름 그대로 전직원의 참가로 자
유롭고 활성화된 기업풍토를 만들어 은행의 체질을 혁신하는 일
종의 체제정비였다.

　앞에서 말했듯이 지금처럼 격변하는 사회구조 속에서는 체질을
바꾸고 새롭게 태어나지 않으면 살아남지 못한다. 체질 변화는

경영정책과 조직을 바꾼다고 이뤄지는 일이 아니다. 사원 전체가 공동의 인식을 가지고 함께 협력하고 노력할 때만 가능한 일이다. 따라서 무엇보다 사내의 의식을 변혁하고 활성화된 풍토를 만드는 일이 핵심이며, 그것이 바로 NAC활동이다.

물론 QC활동도 현장을 활성화하고 개선을 촉구하는 데 효과가 크다는 사실을 부정할 수 없다. 그러나 QC활동이 현장의 개선에 그치고 경영과제로 받아들여지지 않을 때에는, 발표회를 위한 활동처럼 형식화되기 쉽다. 또, 다른 회사의 성과를 검토한 뒤에 시도한다거나 경영자는 방관한 체 현장에만 개선을 강요하면 결크 성공할 수 없다.

QC활동을 비롯한 소집단활동은 오늘날 기업이 가장 필요로 하는 활성화된 기업체질 만들기에 본래의 의미를 두어야 한다. 결국 이것은 경영자가 앞장 설 수밖에 없는 경영과제 그 자체이다.

인력절감 문제가 직접적인 계기가 되어 시작했지만 엄밀한 의미에서 NAC활동의 올바른 개념은 직원들이 공통의 목적을 인식하여 자진해서 팀에 참가하고 전원이 힘을 합쳐 직장의 체질 변화에 나서는, 이른바 '살아있는 집단 만들기'이어야 한다는 것이 나의 생각이었다.

2) NAC활동의 개요

NAC활동은 모든 직원들이 각자의 능력과 창조성을 마음껏 발휘하여 '살아있는 집단'이 되어 굳은 단결력으로 더욱 강한 은행을 만드는 데 목표가 있다. 그렇게 되려면 서클활동을 통해 직원 스스로 목표를 세워 생각하고 행동함으로써 자아가 성장하는 기뽐과 일하는 보람을 얻고, 경영자와 직원이 서로 인간적인 교류를 함으로써 젊음과 생명력으로 가득찬 밝은 기풍을 쌓아올리고, 이런 분위기를 통해 경영혁신의 성과를 올릴 수 있어야 한다.

■ NAC활동의 목표

① 활동추진의 목표

앞으로 닥쳐올 어려운 시대환경에 적절하게 대응할 전략적 조직을 개발한다.

- 자율경영 추진 - 살아있는 집단 만들기
- 직장의 활성화 - 전원 참가. 생각하면서 행동한다. 밝고 활기찬 직장 만들기
- 사람 만들기 - 단순한 의존형, 명령준수형 인간에서 주체적으로 활동하는 창조적, 적극적 인간으로 변화시킨다.

② NAC활동의 이념과 목적

'우리가 일하는 곳은 우리 스스로 만들어간다. 함께 생각하면서 조금씩 개선해 나가자.' 이러한 생각으로 집단의 활력이 힘차게 용솟음치고, 젊음과 생명력이 넘치는 기풍이 형성된다.

- 살아있는 집단 만들기 : 강건한 기풍과 환경 변화에 적응력을 가진 기능적 조직으로 체질을 강화한다.
- 활력있는 직장 만들기 : 지혜와 창조력을 모아 인간적인 관계를 형성함으로써 밝고 활기찬, 신바람 나는 직장을 만든다.
- 사람 만들기 : 한 사람 한 사람의 능력을 마음껏 발휘하도록 만들어 무한의 가능성을 이끌어낸다. 결과적으로 지점 경영

의 자율성을 유지하면서, 고객에 대한 서비스와 생산성 향상
을 통해 경영 효율화를 이룩한다. 우리 은행이 종합금융기관
으로 지역에 뿌리내릴 수 있도록 개개인이 은행의 발전에 기
여한다.

③ NAC활동의 지향점

NAC활동의 기본 지향점은 〈표 1-1〉과 같이 회사의 '기대'
와 개인의 희망인 '일하는 보람, 사는 보람'을 실현하는 것
이다. 일하는 보람이 있고 활력에 가득찬 직장에서 개인이
성장하고 삶의 보람을 얻게 된다. 그럼으로써 사람 만들기에
박차를 가하게 되고, 주체적인 사람들로 구성된 '살아있는
집단'을 꾸려 조직을 활성화시킨다.

④ NAC활동의 운영과 조직

내가 총지휘를 맡고 본부에는 추진위원회(부장급), 추진사무
국(국장, 남자 2, 여자 1)을 두어 총괄하며, 각 지점에는 지점
장과 차장 및 과장이 지원자, 대리가 조언자(Advisor)가 되
어 활동을 선도하기로 했다. NAC활동의 주체인 서클은 직장
단위와 계층별, 업무별 단위에서 몇 명씩으로 구성한 뒤 애
칭을 붙여 추진사무국에 등록한다.

서클을 대표하는 리더들의 모임(리더회)을 정기적으로 개최
하고 지원자, 조언자가 함께 참가하여 서로의 수준을 맞추고
운영상의 문제점을 의논하며 활성화를 꾀한다.

운영조직(표 1-2), 운영상의 기본 역할(표 1-3) 및 각 부분이
해야 할 구체적인 역할(표 1-4)도 정했다.

〈표 1-1〉 NAC활동의 기본 지향점

지점장
(지원자)
점포 만들기, 사람 만들기, 토양 만들기, 방향 부여, 성공하면 칭찬하고 실패해도 꾸짖지 않는다

조사역
(조언자)
일과 활동은 하나(활동은 업무의 보완 기능), 적절한 조언과 지도, 동기부여

주임
일반행원
즐겁게 일하면서(한명 한명이 주역) 구체적으로 개선, 문제해결

회사의 기대

지점 중점시책

(업적향상)

업무과제

일

이렇게 하자

· 팀워크를 강화한다
· 자신을 계발하려는
  의욕을 북돋운다
· 사기 진작

동기

(분위기)

일하는 보람이 있고
활력에 가득찬 직장

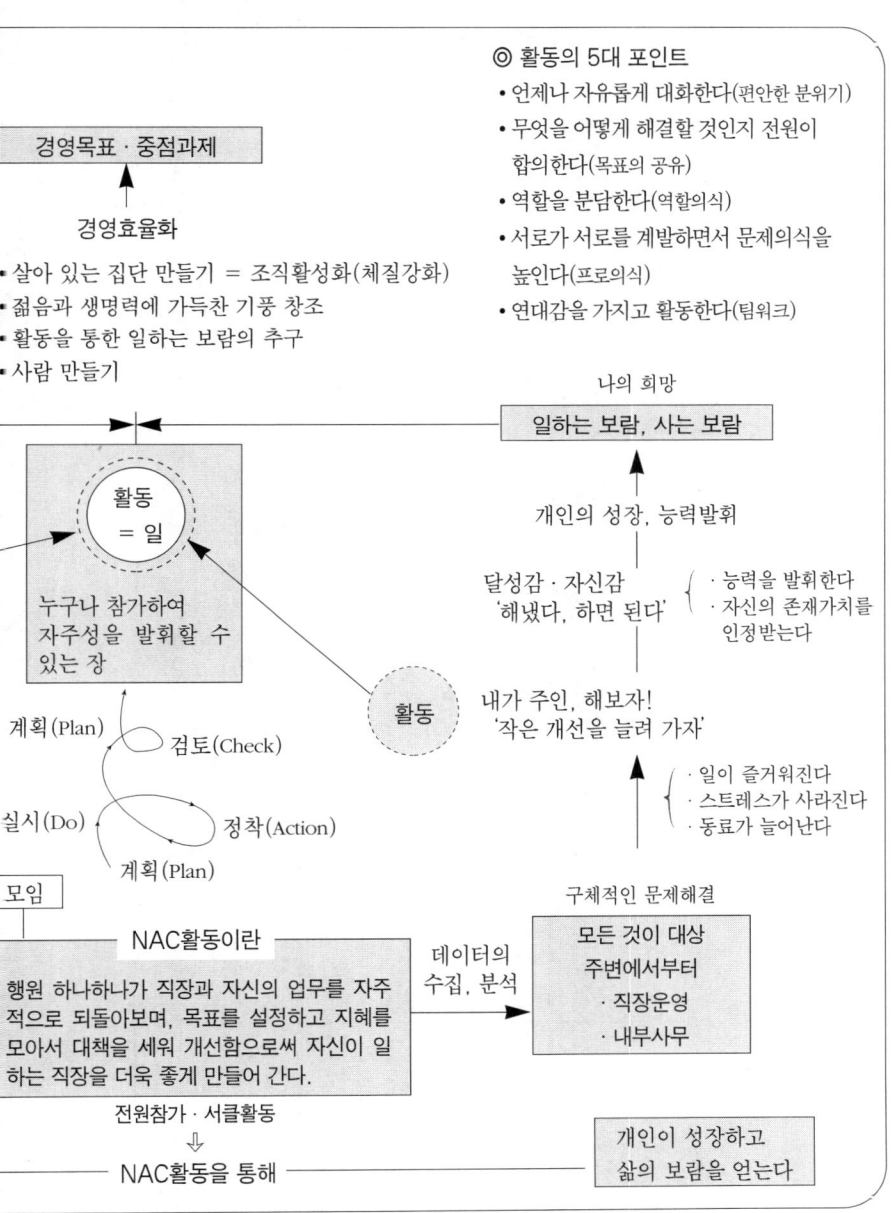

◎ 활동의 5대 포인트
• 언제나 자유롭게 대화한다(편안한 분위기)
• 무엇을 어떻게 해결할 것인지 전원이
  합의한다(목표의 공유)
• 역할을 분담한다(역할의식)
• 서로가 서로를 계발하면서 문제의식을
  높인다(프로의식)
• 연대감을 가지고 활동한다(팀워크)

경영목표 · 중점과제

경영효율화
• 살아 있는 집단 만들기 = 조직활성화(체질강화)
• 젊음과 생명력에 가득찬 기풍 창조
• 활동을 통한 일하는 보람의 추구
• 사람 만들기

나의 희망
일하는 보람, 사는 보람

개인의 성장, 능력발휘

활동
= 일

누구나 참가하여
자주성을 발휘할 수
있는 장

달성감 · 자신감
'해냈다, 하면 된다'
{ · 능력을 발휘한다
  · 자신의 존재가치를
    인정받는다

활동

내가 주인, 해보자!
'작은 개선을 늘려 가자'

계획(Plan)   검토(Check)

실시(Do)   정착(Action)

계획(Plan)

{ · 일이 즐거워진다
  · 스트레스가 사라진다
  · 동료가 늘어난다

모임

NAC활동이란

행원 하나하나가 직장과 자신의 업무를 자주
적으로 되돌아보며, 목표를 설정하고 지혜를
모아서 대책을 세워 개선함으로써 자신이 일
하는 직장을 더욱 좋게 만들어 간다.

데이터의
수집, 분석

구체적인 문제해결
모든 것이 대상
주변에서부터
 · 직장운영
 · 내부사무

전원참가 · 서클활동
⇩
─── NAC활동을 통해 ───

개인이 성장하고
삶의 보람을 얻는다

〈표 1-2〉 NAC활동의 운영과 조직

NAC활동을 추진 · 지원하는 조직은 다음과 같다.

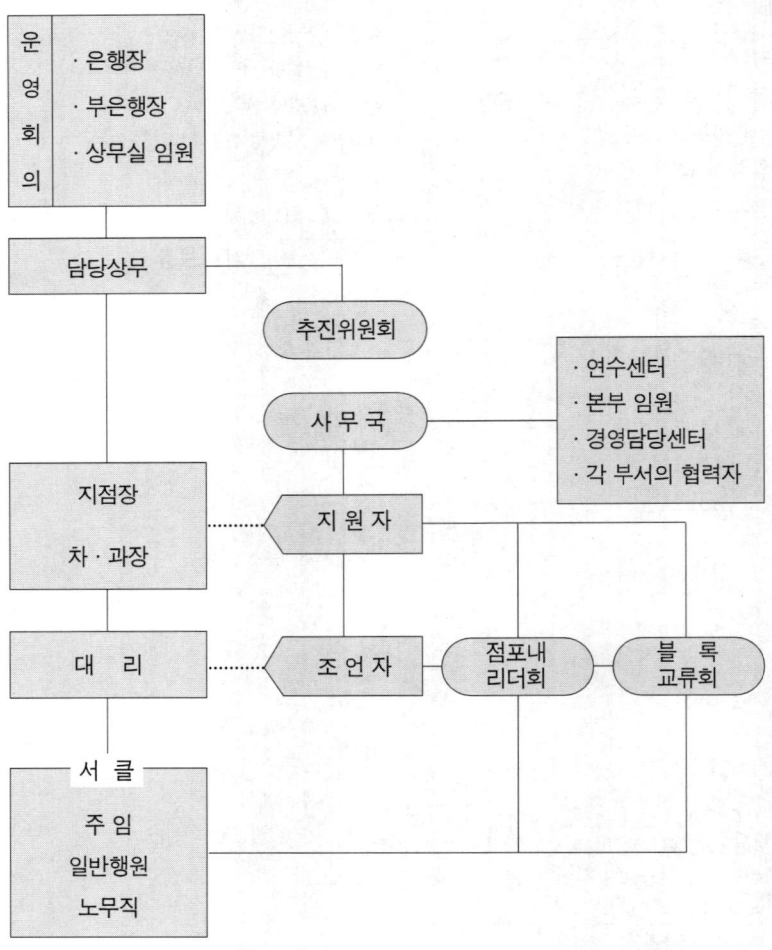

〈표 1-3〉 운영상의 기본 역할

추진위원회	① 연도 · 분기의 추진방침 심의, 추진계획 결정 ② 활동 · 진척상황 파악, 지도방침 결정
사무국	① 자주적인 활동을 위한 환경 조성 ② 점포에 대한 직접 활동 지도 ③ 세미나 계획의 입안과 실시 ④ 교육자재의 작성 및 대출, 참고도서 알선 ⑤ 홍보 · PR활동 ⑥ 활동상황 파악과 개선제안 접수 　(심의는 담당부서) ⑦ 추진을 위한 조사 · 연구 ⑧ 전은행 발표대회의 기획 · 운영
지원자	① 부(部), 점(店)의 자주적 활동을 위한 환경 조성 ② 각 서클 활동상황의 파악 · 조정 ③ 부,점내 개선제안의 심의 · 실시
조언자	① 활동을 전반적으로 지도 · 원조 ② 서클로는 해결 불가능한 문제를 흡수 · 실시 ③ 사무국에 대한 요구사항 제시 및 제언 ④ 지원자와 서클의 중간다리 역할
블록교류회	① 각 부,점의 활동상황에 관한 정보 교환 ② 사무국, 추진위원회에 대한 제언 ③ 블록별 발표대회의 기획 · 운영
점포내 리더회	① 학습회를 통한 상호 수준 향상 ② 서클 사이의 정보 교환, 문제점 조정

〈표 1-4〉 당신의 역할

활성화를 위해 각 부분이 분담해야 할 역할 : NAC활동은 구성원 모두가 참가하는 활동이다. 한 명도 빠짐없이 나름대로의 역할이 있다. 한 사람 한 사람이 자신의 역할을 다하고 인간적인 교류를 이룩함으로써, 동료의식을 길러 밝고 활기찬 직장을 만들어 나가자.

① 지원자의 역할

NAC활동에 대한 기본인식	① 활동의 목적을 이해하는 동시에 연수회 등을 통해 부하를 교육시켜 NAC활동의 도입 이유와 목적 등을 철저히 주지시킨다. ② 일상 대화 속에서 언제나 활동을 언급함으로써 부하들의 인식을 끌어올린다. ③ 연수, 세미나 등에 참가하게 함으로써 이해를 심화시킨다.
일상의 동기부여 및 운영	① 조회를 비롯해 행원이 모이는 곳에서는 언제나 NAC활동을 화제에 올린다 (다른 점포의 성공 사례 등) ② 환경 조성 (강의실, 식당의 이용 허가 등) ③ 리더 및 서클원에게 서클 활동에 관한 질문을 던지거나 조언한다 (서클의 실태 파악) ④ 격려를 통해 서클 활동에 대한 관심과 기대를 보여준다.
서클의 목표설정에 관해	① 지점 운영방침을 알기 쉽게 서클원들에게 전달하고 이해시킨다. ② 나중에 쓸모없다고 말하지 않도록 목표를 설정할 때 충분한 토론으로 합의를 도출한다. ③ 회합 등에 참가하여 적절한 조언을 한다.
목표달성을 위한 활동	① 회합의 시간 및 장소 제공 ② 가끔 회합에 참가하여 조언한다. ③ 목표를 달성하면 칭찬하고 잘 되지 않았을 때에도 격려한다. ④ 필요하다면 다른 활발한 서클과의 교류 등으로 자극을 준다.

② 조언자의 역할

NAC활동에 대한 기본인식	① 본부 세미나에 적극 참가하고 동시에 지원자와 의견을 나누어 활동의 목표, 방침을 충분히 이해한다. ② 서클 리더들이 활동 목적을 잘 이해할 수 있도록 자기 나름대로의 전달 방법을 마련한다 (자신의 말로) ③ 이해가 부족한 리더나 멤버가 있다면 재교육한다.
일상의 동기부여 및 운영	① 계층 모임 등에서 언제나 NAC활동을 화제에 올린다. ② 그래프 등 눈에 띄는 자극책을 사용하여 동기를 부여한다. ③ 서클활동에 항상 관심을 갖고 격려한다. ④ 평소에 훌륭한 리더십을 발휘하여 '우리 상사는 의욕적이야' 라고 피부로 느끼게 한다.
서클의 목표설정에 관해	① 서클에 대한 기대목표를 시기적절하게 분명히 전달한다. ② 스스로 문제의식을 가지고 서클에 질문을 던진다. ③ 서클에서 상담해 올 때에는 서클원과 하나가 되어 고민한다 (서클과의 일체감).
목표달성을 위한 활동	① 스스로 서클을 교육한다. ② 회합 시간을 생각한다. ③ 가끔 회합에 참가하여 조언한다. ④ 목표를 달성하면 칭찬하고 잘 되지 않았을 때에도 격려한다. ⑤ 결코 'NO' 라고 말하지 않는다. 언제나 '어떻게 하면 잘될 수 있을까' 라는 관점을 가진다.

③ 리더의 역할

NAC활동에 대한 기본인식	① 상사에게 전달받은 도입 이유, 목적 및 본부 세미나의 내용을 멤버들에게 충분히 알려준다. ② 멤버에게 질문을 던져 이해가 부족한 부분이 있다면 다시 잘 설명해준다.

일상의 동기부여 및 운영	① 리더가 열심이면 반드시 멤버들도 따르기 마련, 집념을 갖고 행동한다. ② 진행상황에 따라 표와 그래프 등을 사용하여 멤버들의 관심을 끌어올리고 의욕을 북돋운다.
서클의 목표설정에 관해	① 상사의 기대목표를 이해하고 구체적인 예를 들어 멤버들에게 설명한다. ② 설문지 등을 사용하여 목표에 관한 멤버들의 문제인식 수준을 일치시킨다.
목표달성을 위한 활동	① 회합을 통해 목표 달성을 위한 일정, 문제점 색출 및 대책 입안, 역할 분담 등을 결정한다. ② 활동이 막다른 골목에 부딪쳤을 때에는 조언자에게 지도 및 원조를 부탁한다. ③ 총괄자로서 사고하고 행동한다. ④ 목표달성에 필요한 기법을 멤버들에게 교육한다.

■ NAC활동의 추진방식

우선 직장의 문제를 자신의 손으로 해결하기 위해 서클을 만든다. 그 뒤 서클의 목표를 잡고 활동계획을 세운다. 전원이 토의를 통해 해결안을 정리하고 그 안을 실행한 뒤 성과를 평가한다. 목표를 달성했다면 지원자, 조언자에게 보고하고 확인을 얻어 본부 추진사무국에 목표완료 보고를 제출한다.

본부 사무국은 활동 수준을 확인하고 문제점과 지원과제 등을 파악하여 측면 지원을 한다. 동시에 서클에게 개선제안을 제출하게 한 뒤 사무국을 거쳐 본부 관련부서에 회부하여 검토하고 실시하게 한다.

활동의 취지를 철저히 인식시키고 추진을 원활히 하기 위해서는 최초의 연수가 중요했기 때문에 사무국을 중심으로 정력적으로 연수를 벌여나갔다.

- 모든 지점장을 대상으로 취지와 역할을 철저히 인식할 것을 주제로 하루 코스 실시
- 지원자(차장 및 과장), 조언자(대리)에게도 같은 주제로 1박 2일 코스 실시
- 가장 중요한 팀 리더의 연수는 NAC활동의 노하우 습득을 주제로 1박 2일에서 2박 3일의 코스로 실시

연수 내용은 공동작업 수행 방식, 문제해결 방법(문제해결의 각 단계)을 실제 체험하는 데 주안점을 두었다. 문제 해결방법에 관해서는 〈표 1-6〉에서 보듯이 실제 훈련을 거치게 했다.

3) NAC활동 추진의 유의점

이리하여 NAC활동이 시작되었다. 그러나 조직을 만들고 운영 방법과 각 부분의 역할을 결정하고 연수를 끝냈다고 해서 활동이 힘있게 일어난다는 보장은 없었다.

활성화된 풍토를 만들고 그것을 토대로 은행의 체질을 본격적으로 바꾸기 위해서는 구성원 모두가 NAC활동의 목표를 이해, 납득하고 스스로 행동에 나설 수 있어야 한다. 발동을 걸고 가속을 붙이기 위해서는 굉장한 노력이 필요한 것이다.

NAC활동은 사람을 상대로 하는 프로젝트이다. 그러므로 추진할 때 제일 중요한 것은 전원이 활동을 이해, 납득하는 일이다.

〈표 1-5〉 NCA 활동의 추진 방식

'우리'라는 의식으로 가득찬 서클을 만들자. 직장의 문제를 스스로 해결하기 위해 서클마다 목표와 행동계획을 세우고 전원이 토의하여 해결책을 낸 뒤 그 제안을 실행하고 성과를 평가한다.

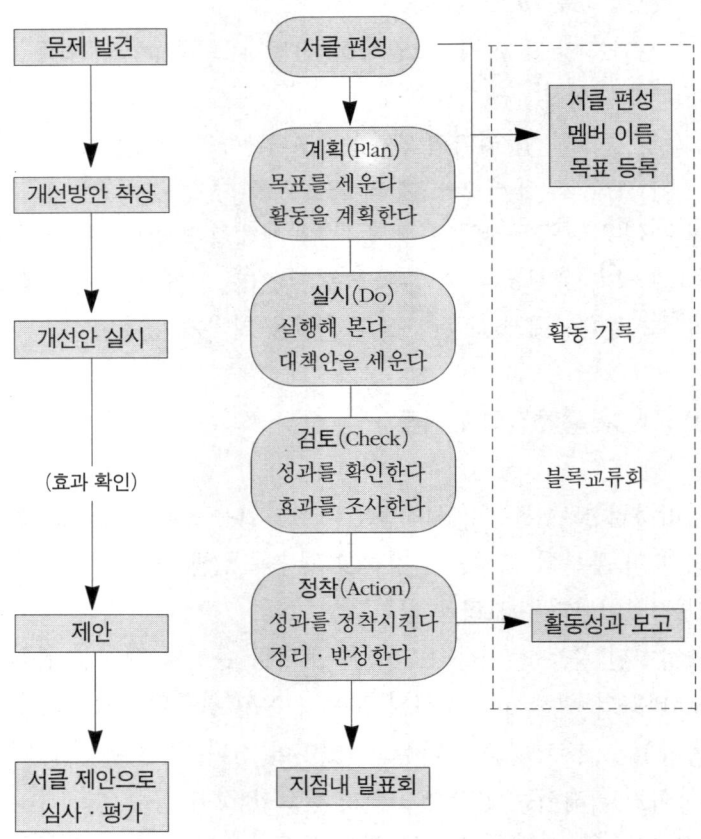

〈표 1-6〉 문제해결의 단계

문제해결은 8단계로 나누어지고 8단계가 서클활동의 한 주기를 이룬다.
주기당 3개월을 목표로 문제해결을 추진한다.

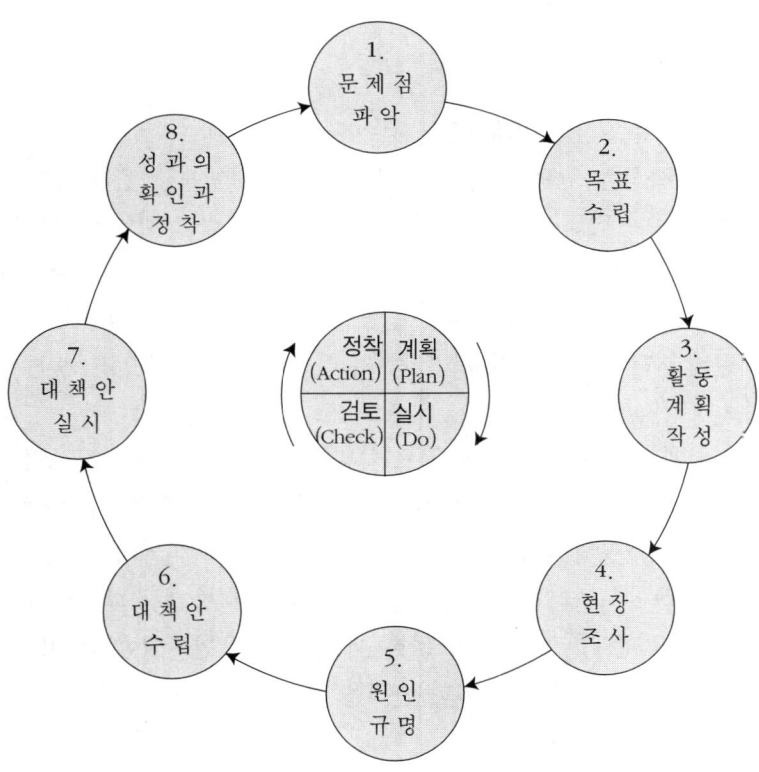

3개월에 끝내자!

그렇게 할 수 있다면 프로젝트의 2/3는 이미 성공한 것이나 다름 없다. 하지만 5천 명이라는 수많은 사람들을 이해, 납득시키기란 절대 말만큼 쉽지 않은 일이다. 그래도 누군가는 그 일을 해야 하고 그 일을 추진할 사람은 경영자나 프로젝트의 총책임자밖에는 없다. 이렇게 생각한 나는 NAC활동을 벌여나가면서 다음과 같은 점에 유의했다.

① 취지를 철저히 이해시킨다

모든 사람을 단번에 이해시키는 것은 불가능에 가깝다. 제일 먼저 동료를 만드는 일이 나의 가장 큰 역할이라고 믿었다. 그래서 연수에 참가한 팀 리더들과 얘기를 나누며 우선 리더들을 동료로 만들고 그들에 의해 차츰 활동이 확대되도록 계획했다.

결국 리더 연수회는 모두 참가하여 다음과 같은 이야기를 했다.

- 경영자 입장을 대변

위에서 열의를 보이지 않으면 밑에서는 절대 이해하지 못한다. 그래서 나는 담당임원으로서 경영자쪽을 대표하는 위치임을 분명히 설명한 뒤, 새로운 시대를 맞아 이제 은행도 탈바꿈해야 한다는 것, 변화는 우리 모두가 참가할 때에만 가능하다는 것, 그리고 이러한 새로운 은행 만들기에 나 자신부터 힘껏 노력하고 있다는 것을 적극 호소하였다.

- 사는 보람을 추구

매일 똑같은 일을 반복하면 '작업'이다. 그러나 더 좋게 만들려고 목표를 세워 생각하면서 행동하고 목표에 도전할 때는 '내 일'이다. 작업과 '내 일'은 본질적으로 다르다. '내 일'은 목표에 도전하는 것이다. '내 일'이라는 인식으로 개

인 또는 팀의 목표를 달성할 수 있고, 그때 얻어지는 성취감
과 충족감은 사는 보람으로 이어지는 법이다. 우리는 인생의
가장 중요한 시기를 직장에서 보낸다. 따라서 직장이야말로
사는 보람을 얻어야 할 곳이며 그것은 바로 '내 일'을 새롭
게 인식시켜주는 NAC활동으로 가능하다.

스스로 확신하는 이러한 생각을 리더들에게 이해시키고자
노력했다.

- 즐겁게 하자

다른 사람과 협력하고 마음을 합하여 공동작업을 하는 것은
원래 즐거운 일이다. 과제(주제)는 무엇이든 좋다. 그저 함께
모여 이야기하고 공동작업을 하면서 꼭 즐거움을 몸으로 느
끼기 바란다. NAC활동을 운영할 때도 '즐거움'을 기본으로
삼아 왁자지껄 신나게 떠들면서 했으면 좋겠다.

주로 이와 같은 내용을 리더 연수회에서 적극 강조하였다. 또
기회 있을 때마다 이러한 이야기를 확인하는 것을 나의 역할로
삼았다. 다행히 젊은 사람들의 정열에 불을 지필 수 있었다. 연수
를 끝내고 돌아가는 많은 리더들이 나도 개혁에 한몫하고 싶다며
눈물을 글썽거리면서 악수를 청해 오곤 했다. 정말 잊을 수 없는
감격스러운 순간이었다.

② 발언과 공동작업에 대한 의식을 변혁한다

NAC활동의 토대로서 두번째로 필요한 것은 팀에 참가하는 사
람들이 자진해서 적극적으로 발언하게끔 그들의 의식을 변혁시키
는 일이다.

보통 회의에서는 특정 사람들만 발언하고 다른 사람들은 입을

다물고 듣기만 한다. '부끄럽다' 거나 '이런 말을 하면 혹시 웃음 거리가 되지 않을까' 등의 이유로 발언을 미루는 것이다. 나 자신 도 그런 경우가 많다. 그러나 다른 사람의 이야기를 듣기만 하면 금새 지칠 뿐이다. 적극적으로 발언할 때 정신이 집중되고 회의 에 참가할 의욕도 생긴다.

소집단활동은 참가자 하나 하나가 적극 발언하는 것이 전제조 건이다. 따라서 그렇게 할 수 있도록 사람들의 의식을 바꾸어야 한다.나아가 사람들이 쉽게 입을 열 수 있는 분위기를 만들기 위 해 발언에 대한 부정과 비판을 삼가하는 것이 소집단활동의 기본 규칙이다.

산노대(産能大)의 가자와(金澤) 선생이라는 아주 뛰어난 지도 자가 처음부터 온 힘을 기울여 활동을 지도한 것이 커다란 효과 를 가져왔다. 가자와 선생이 지도한 공동작업의 실제 체험을 주 제로 한 리더 연수는 대성공이었다. 집단을 이루어 직접 공동작 업을 해 본 결과 발언의 즐거움을 실감했으며, 공동으로 문제점 을 찾아내고 해결책을 만들어 실행하는 과정에서 서로 돕고 격려 하는 일이 얼마나 멋진지 깨닫게 되었다. 리더들은 이러한 경험 을 통해 크게 성장하고 의욕적으로 변모해 직장으로 돌아갔다. 그리고 그들은 자신의 체험을 각 지점 안에 퍼뜨리는 불씨가 되 었다.

또 문제해결 기법을 배운 것도 커다란 도움이 되었다. 모두가 현상을 확인하고 문제점을 찾아내며 해결책을 고민하고 목표를 세워 해결한다는 이른바 QC활동의 문제해결 기법을 습득하는 일 도 NAC활동에서 빼놓을 수 없는 요건이었기 때문이다.

이러한 문제해결 기법은 NAC활동뿐 아니라 다른 문제상황, 나아가 경영에서 의사결정이 필요할 때도 효과가 있다. 리더들과 함께 공부한 그때의 경험이 나에게도 큰 도움이 되었다.

③ 현장의 풍토 만들기

NAC활동을 추진할 때 세번째로 유의할 점은 현장의 풍토 쇄신이다. "지점장이 변해야 지점도 변한다"라고 이야기하듯 지점장의 영향력은 무척 크다. 따라서 직원들도 보통 윗사람의 눈치를 보며 일을 하게 된다.

연수를 끝낸 리더들이 아무리 의욕적으로 행동에 나서려고 해도 지점장을 비롯한 관리자들이 활동을 이해하고 뒷받침해 주지 않으면 의욕은 한순간에 식어버린다. 그래도 투철한 사명감으로 활동에 나섰다가 혁명가로 비치거나 주위 사람들에게 따돌림을 당하기 쉽다. 반대로 지점장이 지나치게 개입하면 강제적, 명령적이 되어 NAC활동 본래의 자주성이 훼손된다. 따라서 지점장 자신이 직원들에게 조직 활성화의 의의와 필요성을 잘 이해시키고 NAC활동을 계획적으로 지원(시간 배분이나 환경 정비 등)하는 것이 무엇보다 중요하다.

지점 경영이라는 측면에서 가장 주안점을 두어야 할 부분은 전원이 경영목표를 받아들이고 자진하여 역할을 수행하는 활성화된 풍토를 만드는 일이다. 이때 의사소통이 잘되는 직장 풍토를 만드는 NAC활동은 큰 몫을 차지한다. 경영자는 각 지점장들에게 이러한 의식을 철저히 갖추도록 이끌어야 한다.

따라서 NAC활동을 받아들일 수 있도록 지점장들과 현장의 의식풍토를 바꾸는 것이 나에게는 커다란 과제였다.

〈표 1-7〉 '어머니' 팀의 '식단개선' 주제의 예

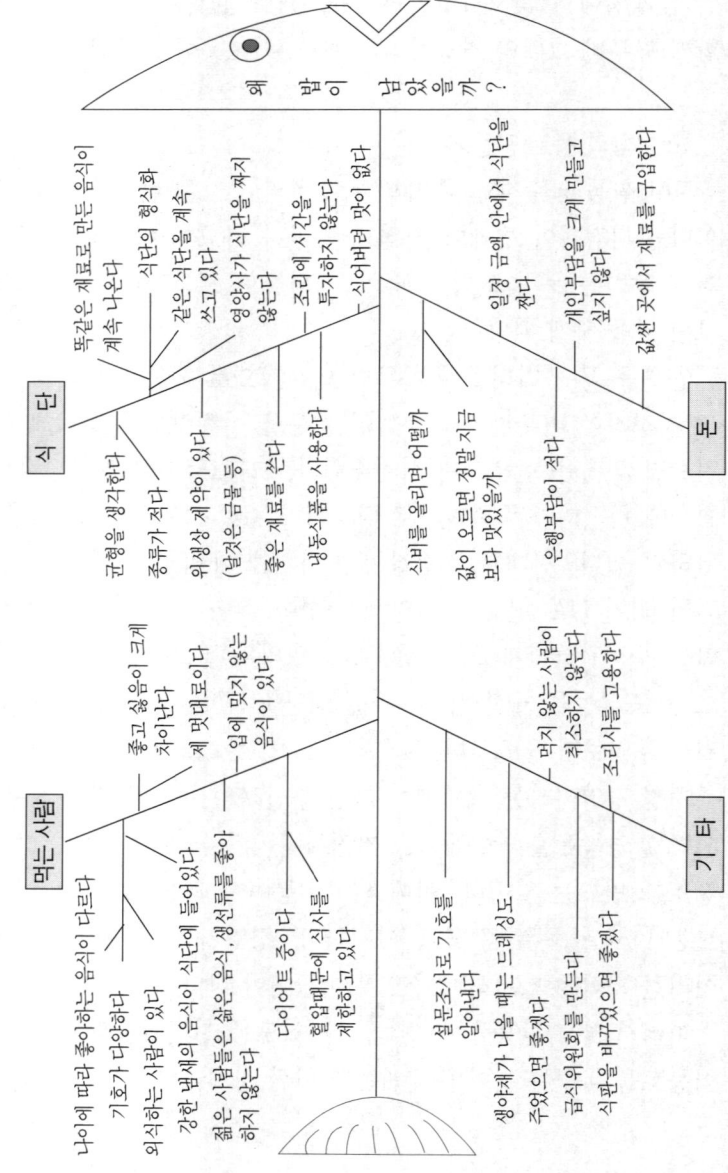

왜 밥이 남았을까?

식단
- 똑같은 재료로 만든 음식이 계속 나온다
- 식단의 형식화
- 같은 식단을 계속 쓰고 있다
- 영양사가 식단을 짜지 않는다
- 조리에 시간을 투자하지 않는다
- 식어버려 맛이 없다
- 균형을 생각한다
- 종류가 적다
- 위생상 제약이 있다 (날것은 금물 등)
- 좋은 재료를 쓴다
- 냉동식품을 사용한다

돈
- 일정 금액 안에서 식단을 짠다
- 개인부담을 크게 만들고 싶지 않다
- 싼값 곳에서 재료를 구입한다
- 식비를 올리면 어떨까
- 값이 오르면 정말 지금보다 맛있을까
- 은행부담이 적다

먹는 사람
- 나이에 따라 좋아하는 음식이 다르다
- 기호가 다양하다
- 외식하는 사람이 있다
- 강한 냄새의 음식이 식단에 들어있다
- 젊은 사람들은 싫은 음식, 생선류를 좋아하지 않는다
- 좋고 싫음이 크게 차이난다
- 제 맛대로이다
- 입에 맞지 않는 음식이 있다
- 다이어트 중이다
- 형편때문에 식사를 제한하고 있다

기타
- 먹지 않는 사람이 취소하지 않는다
- 조리사를 고용한다
- 설문조사로 기호를 알아낸다
- 생야채가 나올 때도 느끼성도 주었으면 좋겠다
- 급식위화감을 만든다
- 식판을 바꾸었으면 좋겠다

4) NAC활동 추진상황

이리하여 활성화된 풍토 만들기를 목적으로 하는 NAC활동이 나름대로 모습을 갖추며 굴러가기 시작했다. 그 과정에서 특이한 사례도 있었다.

본점의 식당 아주머니들이 모여 '어머니' 라는 팀을 짰다. 그들은 식당에서 밥을 남기는 경우가 많은 현상에 주목하여 식단개선 문제에 달라붙었고, 드디어 월평균 1천 끼니 정도의 남는 밥을 30%나 줄일 수 있었다.(〈표 1-7〉 참조)

발표회에서 이 이야기가 나오자 30% 절감이라는 성과뿐 아니라 시간제 사원들까지 열성적으로 NAC활동에 참가하고 있다는 사실이 발표회에 참가한 은행 안팎의 사람들에게 큰 감동을 주어 높은 평가를 받았다.

또다른 사례로 NAC활동에서 특히 중심이 되는 젊은 여성들의 움직임이 두드러졌다. 그들은 기대처럼 즐겁게 떠들며 착실히 활동을 전개해 나갔고 생기있는 업무태도가 곳곳에서 나타나기 시작했다. 이런 기회를 통해 그들과 행동을 함께 했던 나에게도 마음이 통하는 정말 즐거운 시간이었다.

내가 알지 못하는 많은 여성들이 발렌타인 데이에 초콜릿과 함께 카드를 보내주기도 했다. 카드에 쓰여진 "더욱 애써 주십시오" 라는 내용을 보고 가슴이 뭉클했던 것이 바로 어제 일처럼 뚜렷이 떠오른다.

당시의 사보에 그런 모습들이 남아있다.

인생은 하나, 감동적으로 살고 싶다

90주년 기념식장에서 일어난 일입니다.

NAC활동의 서클 발표회를 보고 다키자와 햄의 다키자와 전무가 칭찬을 해주었다는 보고를 받았습니다. 다키자와 씨는 소집단 활동의 대가인데, 우리 회사의 QC활동에도 열심이었고 NAC활동을 처음 시작할 때에도 여러 가지 조언을 해준 나의 스승입니다. 스승에게서 짧은 시간에도 불구하고 잘 이끌어왔다는 칭찬을 받자 가슴이 뿌듯했습니다.

NAC활동이 시작되면서 사무국 여러분들과 함께 활동에 나선 뒤 나에게는 하루 하루가 감동의 연속이었습니다. 특히 가자와 선생의 지도 아래 NAC 사무국이 정력적으로 실시한 리더 연수회를 끝내고 참가자들이 의욕적으로 변모해 돌아가는 모습을 볼 때마다 내 몸도 흥분으로 떨려왔습니다. "발언하고 적극 참가하는 일이 이렇게 즐거운지 비로소 알았습니다"라고 말하던 여성, "은행에 들어온 뒤 처음으로 학생 시절로 되돌아간 기분입니다"하며 눈을 빛내던 젊은이, 어머니를 잃은 여성들이 중심이 되어 서로 위로하고 정을 쌓는 서클활동을 체험해 보고 눈물을 흘리며 우리와 악수하던 사람들 … 등 정말 감동의 나날이었습니다.

NAC활동은 은행의 효율화와 개선 결과만을 목표로 젊은이들에게 노력하라고 시키는 것이 아닙니다. 사람들에게 스스로 주인이 되어 행동할 때의 즐거움, 일을 끝냈을 때의 충족감, 서클활동을 통한 격려와 연대의식에 의한 일체감 등 이제까지의 업무방식에서는 맛볼 수 없었던 멋진 경험을 느끼게 하자. 그러면 사는 보람이 어떤 것인지 깨닫고 충실한 인생을 살지 않을까? 바로 여기에

NAC활동의 참된 목적이 있었습니다. 그리고 리더 연수회에서 받은 감동은 내 생각이 틀리지 않았음을 여러 번 느끼게 해주었습니다.

리더들이 헌신적으로 노력해 준 덕분으로 NAC활동이 짧은 기간에도 불구하고 이렇게 활성화된 것입니다. 여러분에게 마음 깊이 감사드립니다.

NAC를 해보니 정말 좋았다

지구마다 열리는 서클 발표회를 보면서 생기있고 즐겁게 활동하는 멤버들의 모습에 깊은 감명을 받았습니다. 서로 격려하며 발표하는 눈물이 나올 만큼 따스한 정으로 묶인 서클, 어느 사이 아프리카 구제활동을 은행 안으로 끌어들인 사람들과 그들의 행동을 순수하게 받아들여주는 새로운 풍토, 논문 현상공모에 입상한 E씨의 활동 고충담에서 마지막 무렵에 나온 NAC를 해보니 정말 좋았다는 소감 등. NAC활동이 정착되어 가는 과정에는 고개가 절로 끄덕여지는 감동적인 장면들이 많았습니다.

90주년 기념식장에서 NAC활동을 발표하는 서클들 가운데 A씨의 모습이 눈에 띄었습니다. A씨는 전부터 애써 달라는 격려의 연하장을 빠짐없이 보내주던 사람이었습니다. 마음이 통하는 그녀 역시 NAC활동을 지원하는 사람 가운데 하나였다고 생각하니, 발표를 지켜보는 동안 내내 가슴이 뭉클했습니다.

사보에도 NAC활동으로 은행이 바뀌고 있다는 젊은이들의 의견이 많이 실리고 있습니다. NAC활동으로 서클이 활성화됨으로써 그 서클들이 모여 만들어진 우리 은행도 분명 젊음을 되찾고 있다고 확신합니다.

우리의 인생은 한 번밖에 없다

여기에서 NAC활동의 의의를 다시 한번 정리해 보고자 합니다.

① 직장의 회춘

사람과 마찬가지로 기업도 나이를 먹을수록 노화됩니다.

우리 은행이 90년이라는 긴 시간동안 운영될 수 있던 것은 고비 때마다 선배들이 회사를 회춘시킨 덕분이라고 생각합니다. 이제 책임을 넘겨받은 우리들도 은행을 더욱 젊게 만들어 다음 세대에게 넘겨주어야 합니다.

요즘 대기업병(大企業病)이라는 말이 있듯이, 동맥경화증에 걸려 피가 통하지 않는 죽은 조직이 한창 문제되고 있습니다. 우리 은행은 이러한 노인병에 걸려서는 안됩니다. 나아가 변화의 시대, 어려운 환경 아래에서 살아남기 위해서 활성화되고 민감한, 피가 통하는 직장을 만들어 적극적으로 젊어지려는 노력을 해야 합니다.

우리가 다시 젊어질 수 있는가의 문제는 여러분 각자가 어떻게 하느냐에 달려 있습니다.

② 사는 보람

앞에서 말했듯이 NAC활동을 추진해 본 사람은 주체적으로 적극 발언하고 행동할 때의 기쁨, 일을 완수했을 때의 충족감을 몸으로 느꼈을 것이라고 생각합니다. 이제까지 경험하지 못한 감격을 맛보았을 것입니다. 당신이 맛본 감격이 바로 사는 보람입니다.

우리의 인생은 한 번밖에 없습니다. 그렇다면 감동적인 인생을 꾸려나가야 하지 않겠습니까? 힘껏 일하고 상대에게 감사를 받을 때의 기쁨과 감격. 정말 일다운 일이란 그런 것인지도 모릅니다. 사람들이 진심으로 자진하여 활동할 때, 그러한 일이 거듭 쌓일 때 비로소 인간적이고 활성화된 직장이 태어납니다. 사람 역

> 시 그러한 활동을 통해서만 성장합니다. 고객들의 진심 어린 지
> 지를 받게 되는 것도 이 때입니다.
>
> 회춘이란 다른 것이 아닙니다. 이렇게 모든 사람이 삶의 보람
> 을 느끼며 일하는 기업이야말로 회춘한 기업입니다.
>
> 올 한해, 우리 다함께 NAC활동에 더욱 전념하지 않으시렵니
> 까? 적극적이지 않은 분이 계셨다면 올해야말로 우리와 함께 어
> 깨를 걸고 나가지 않으시렵니까?

이리하여 활성화된 풍토를 만들려는 NAC활동은 소기의 목적
대로 차츰 확대되어 나갔다. 직장 곳곳에 활기있고 편안한 풍토
가 자리잡기 시작했다.

또 서클이 선정하는 과제도 차츰 달라지게 되었다. 초기의 원
인추구형(사무 개선, 능력 향상과 관련된 것)에서 과제달성형(업무
과제 및 방침과 관련된 것), 창조개발형(고객지향, 마인드 혁신과 관
련된 것)으로 수준이 높아져 갔다. 이렇게 새로운 풍토 조성과 의
식개혁이라는 소기의 목적이 이루어지자 이제 최종 목표인 '새로
운 은행 만들기'의 단계로 나아가게 되었다. (문제해결의 단계와
유형은 〈표 1-8〉 참조)

기업 풍토를 바꾸는 데는 이미 말했듯이 막대한 정력과 시간이
필요하다. 또 리더의 끊임없이 굳건한 열의가 필수적이다. 무언가
만들고 활성화시킨다는 것은 커다란 일이다. 반면 무너지기란 아
무리 공을 들였어도 눈깜짝할 사이에 이뤄진다. 경영자의 무관심,
리더의 이해 부족 등에 의해 활동이 정체된 예는 적지 않다.

자주적인 활동이라고 혼자 한다는 뜻은 아니다. 경영자가 그 컨
셉트를 잘 이해하고 유지, 발전시키려고 노력을 할 때 비로소 활

〈표 1-8〉 문제해결의 단계

주제를 잡는다(주제 설정)

1.문제로 느낀 점을 적고 여러 각도에서 살펴본다.
2.별 생각 없이 처리하는 일의 목적·사명을 되짚어본다.
3.이번 일의 내용, 절차, 시간 등을 조사한다.
4.하루의 움직임을 관찰한다.
5.과거의 실패나 고객의 의견·요구사항 등을 참고한다.
6.어떤 내용이나 반드시 '고객과 관계되어 있다'라는 생각으로 평상시의 행동을 돌이켜 본다.
7.상사나 관계자, 고객들의 목소리를 듣고 우리에 대한 기대와 바람을 확인한다.
8.일의 수준을 동료나 라이벌과 비교한다.

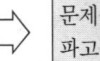 

문제 = 문제의식 → 문제를 파고든다 → 문제점

1.세분화 한다(다양한 측면에서 입장·환경·방침 등을 살펴본다)

2.명확히 한다(무엇을 해결할 것인지 분명히 한다)

3.주체는 누구인가(해결해야 할 사람이 누구인지 파악한다)

4.구체화 한다(6W2H로 문제점을 명확히 한다)

5.객관적으로 본다(다른 사람도 알 수 있게 정의한다)

1.매트릭스법(Matrix)으로 일람표를 만든다
2.문제점들 사이의 연관성을 파악하기 위해 관계도를 만든다
3.문제의 크기별로 계통도를 그린다
4.문제점을 중점 평가할 수 있는 4면도를 만든다
5.비슷한 것끼리 묶어 친화도(親和圖)를 만든다
6.그밖에 결점열거법, 희망 사항 열거법, 체크리스트법, 5W1H법, 데이타 활용법 등을 이용한다

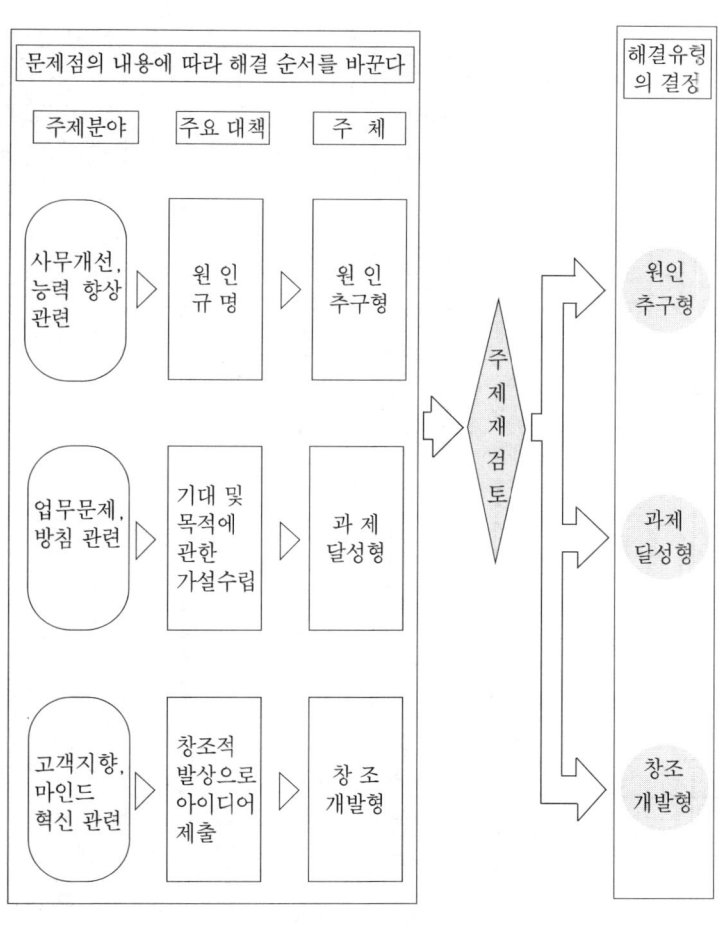

〈문제해결의 3가지 유형 : 원인추구형 / 과제달성형 / 창조개발형〉

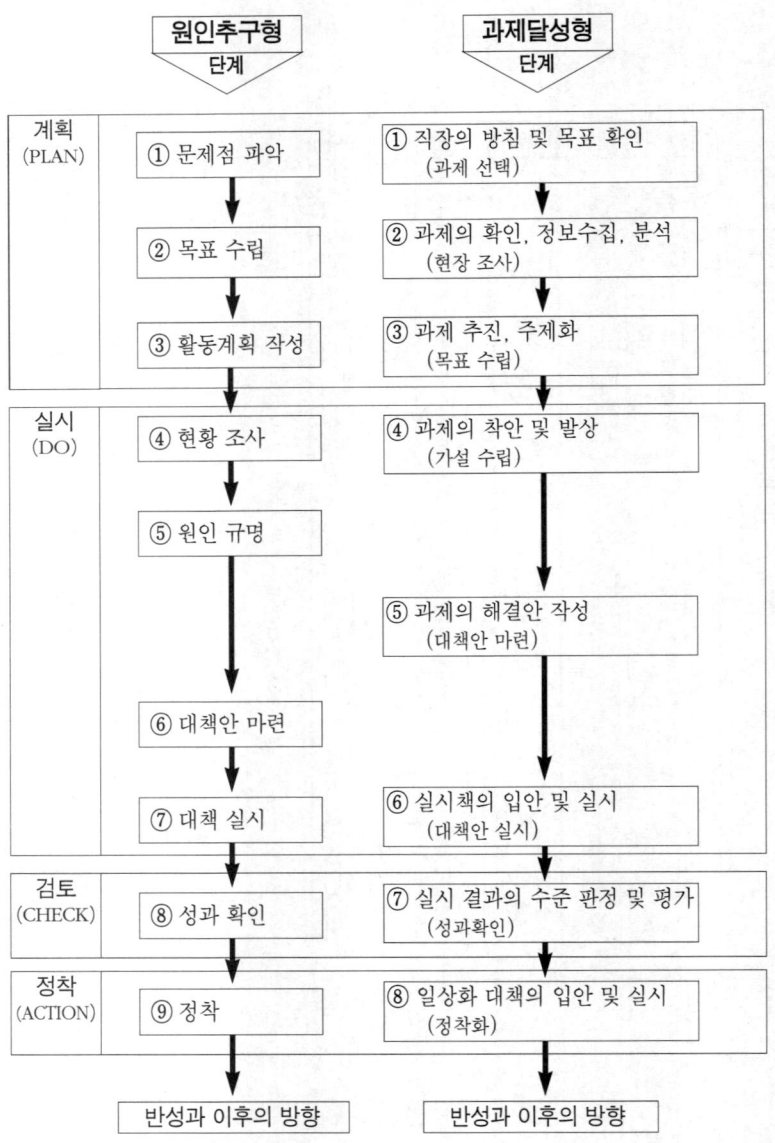

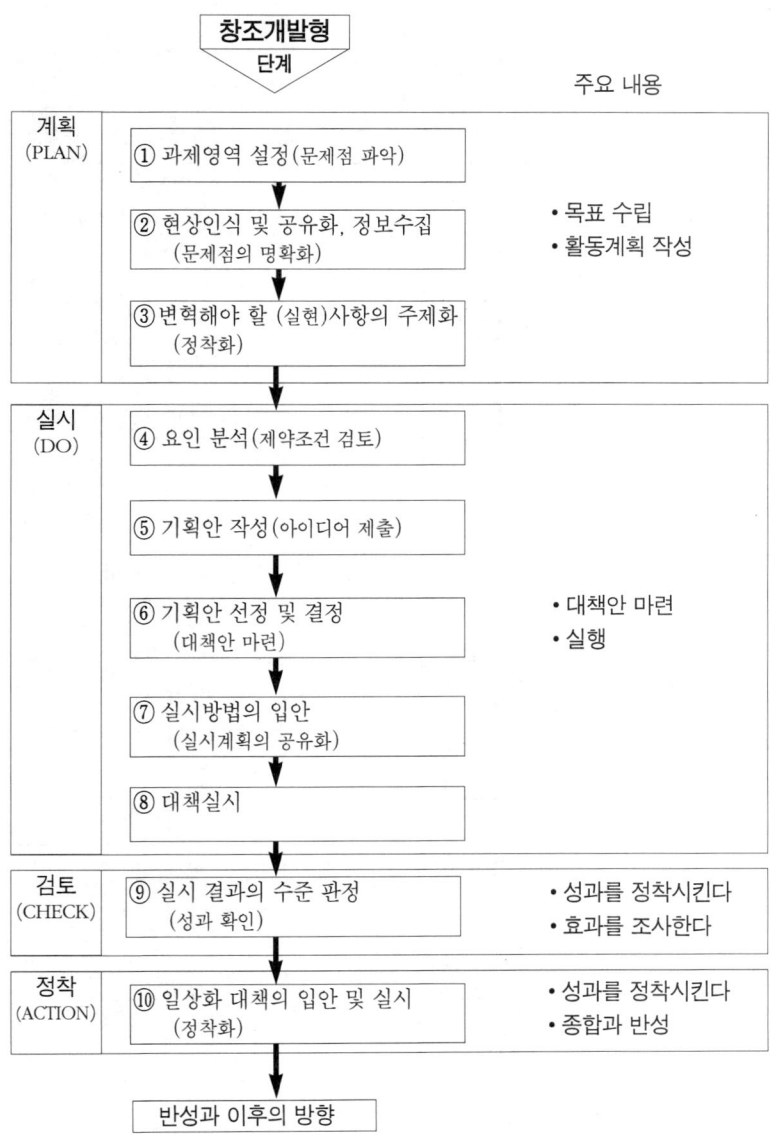

창조개발형
단계

주요 내용

계획 (PLAN)	① 과제영역 설정(문제점 파악) ② 현상인식 및 공유화, 정보수집 (문제점의 명확화) ③ 변혁해야 할 (실현)사항의 주제화 (정착화)	• 목표 수립 • 활동계획 작성
실시 (DO)	④ 요인 분석(제약조건 검토) ⑤ 기획안 작성(아이디어 제출) ⑥ 기획안 선정 및 결정 (대책안 마련) ⑦ 실시방법의 입안 (실시계획의 공유화) ⑧ 대책실시	• 대책안 마련 • 실행
검토 (CHECK)	⑨ 실시 결과의 수준 판정 (성과 확인)	• 성과를 정착시킨다 • 효과를 조사한다
정착 (ACTION)	⑩ 일상화 대책의 입안 및 실시 (정착화)	• 성과를 정착시킨다 • 종합과 반성

반성과 이후의 방향

〈원인추구형의 문제해결 방식〉

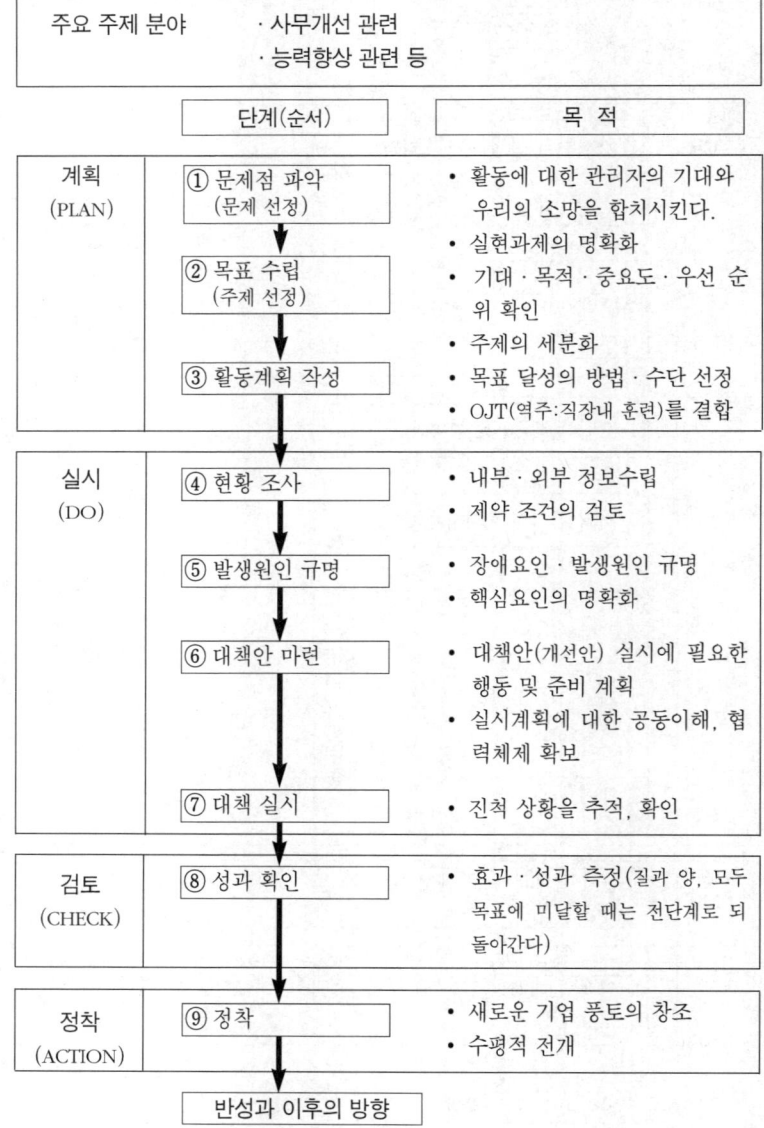

주요 주제 분야	· 사무개선 관련 · 능력향상 관련 등

단계(순서)	목 적

계획 (PLAN)
- ① 문제점 파악 (문제 선정)
- ② 목표 수립 (주제 선정)
- ③ 활동계획 작성

- 활동에 대한 관리자의 기대와 우리의 소망을 합치시킨다.
- 실현과제의 명확화
- 기대 · 목적 · 중요도 · 우선 순위 확인
- 주제의 세분화
- 목표 달성의 방법 · 수단 선정
- OJT(역주:직장내 훈련)를 결합

실시 (DO)
- ④ 현황 조사
- ⑤ 발생원인 규명
- ⑥ 대책안 마련
- ⑦ 대책 실시

- 내부 · 외부 정보수립
- 제약 조건의 검토
- 장애요인 · 발생원인 규명
- 핵심요인의 명확화
- 대책안(개선안) 실시에 필요한 행동 및 준비 계획
- 실시계획에 대한 공동이해, 협력체제 확보
- 진척 상황을 추적, 확인

검토 (CHECK)
- ⑧ 성과 확인

- 효과 · 성과 측정(질과 양, 모두 목표에 미달할 때는 전단계로 되돌아간다)

정착 (ACTION)
- ⑨ 정착

- 새로운 기업 풍토의 창조
- 수평적 전개

반성과 이후의 방향

체크리스트(원인추구형)

PLAN	• 문제의식을 갖는 방법 1. 언제나 사물을 다각도로 생각한다 (향상심) 2. 일에 대한 열의를 지닌다 (사명감) 3. 현장과 사물을 현실적으로 관찰하는 버릇을 기른다 (주의력) 4. 방법은 얼마든지 있다는 의식을 갖는다 (호기심) 5. 상식에 의문을 던진다 6. 종래의 관습과 규칙에 의문을 던진다 7. 일에 대한 불평불만 8. 실패의 재발 방지 ※ 곤란한 문제가 생긴다면 부끄러워해야 하지만 발전하기 위해서는 적극적으로 문제를 찾는 것이 아주 중요하다 • '문제가 있다'는 사실이 분명해지면, 즉시 대책을 생각하지 말고 그 문제에 깊이 과 고 들어가 근본적인 '문제점'을 명확히 한다 • 문제 가운데에는 아무리 제기해봤자 해결할 수 없는 내용도 많다 (입지조건, 성격적 인 것 등)

DO	• 목표를 너무 높게 잡지 않았는가 • 수집한 데이터에 빠진 것은 없는가, 기존 데이터는 없는가 (환원자료 등) • 다른 부문의 데이터를 잘못 가져오지 않았는가 (자신의 것만 가져왔는가) • 제약조건은 무엇인가 • 고정관념에서 벗어나 많은 해결책이 나오고 있는가 • 원인과 결과가 뒤섞이지 않았는가 • 현황 파악과 대책을 혼동하지 않았는가 • 다른 부문에 영향을 주는 내용은 없는가 (있다면 조언자 · 지원자에게 의뢰)

CHECK	• 개선 전과 후를 비교하는 그래프는 잘 만들었는가 • 2차적 성과도 빠짐없이 파악했는가 • 계획했던 도달목표는 질과 양 모두에서 충분한 수준인가(문제가 있다면 전단계로 되 돌아간다)

ACTION	• 재발 방지책은 마련했는가 • 일상의 관리항목에 집어넣기 위해 노력하고 있는가 • 새로운 기업풍토로의 정착을 기대할 수 있는가 • 다음 활동을 위한 방침, 이후 학습의 필요성을 명시했는가

〈과제달성형의 문제해결 방식〉

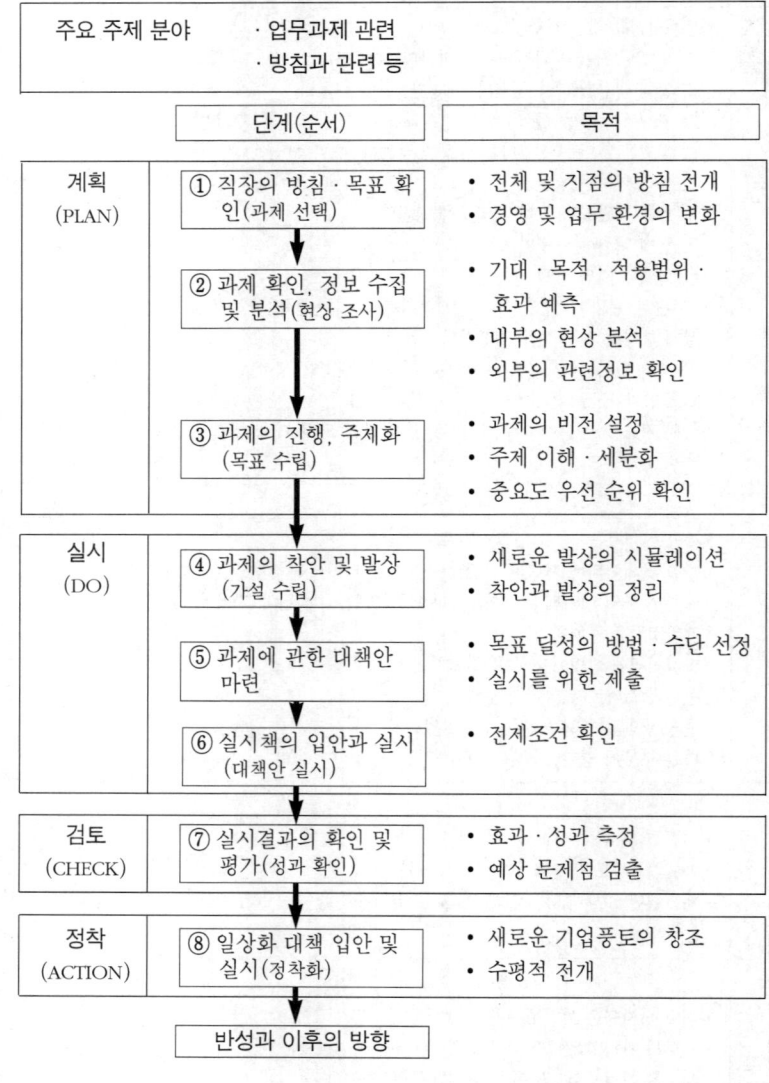

주요 주제 분야	· 업무과제 관련 · 방침과 관련 등

	단계(순서)	목적
계획 (PLAN)	① 직장의 방침 · 목표 확인(과제 선택)	• 전체 및 지점의 방침 전개 • 경영 및 업무 환경의 변화
	② 과제 확인, 정보 수집 및 분석(현상 조사)	• 기대 · 목적 · 적용범위 · 효과 예측 • 내부의 현상 분석 • 외부의 관련정보 확인
	③ 과제의 진행, 주제화 (목표 수립)	• 과제의 비전 설정 • 주제 이해 · 세분화 • 중요도 우선 순위 확인
실시 (DO)	④ 과제의 착안 및 발상 (가설 수립)	• 새로운 발상의 시뮬레이션 • 착안과 발상의 정리
	⑤ 과제에 관한 대책안 마련	• 목표 달성의 방법 · 수단 선정 • 실시를 위한 제출
	⑥ 실시책의 입안과 실시 (대책안 실시)	• 전제조건 확인
검토 (CHECK)	⑦ 실시결과의 확인 및 평가(성과 확인)	• 효과 · 성과 측정 • 예상 문제점 검출
정착 (ACTION)	⑧ 일상화 대책 입안 및 실시(정착화)	• 새로운 기업풍토의 창조 • 수평적 전개

반성과 이후의 방향

체크리스트 (과제달성형)

PLAN	• 어떤 문제가 조직 안에서 일어나고 있는가 • 부서의 문제인가, 지점 전체의 문제인가 • 어떤 상태를 바람직하다고 생각하는가 • 중점시책에서 힌트를 얻자. 방법은 얼마든지 있다 • 종래 경시해왔던 것을 강조한다 • 약점, 강점, 맹점을 찾는다 • 제3자처럼 문제를 평론하는 자세에서 탈피한다 • 내부 · 외부 · 지역 정보 가운데 힌트가 있다 • 발생된 과제는 반드시 '고객'과 유기적으로 관계되어 있다

DO	• 자기 점포의 실정에 맞추어 우선 순위를 정한다 • 과제의 목적, 출발점, 말뜻, 기대하는 바를 재확인한다 • 가설을 세울 때는 전제조건과 제약조건의 정도와 범위를 분명히 한다 • 가설에 무리는 없는가 • 가설이 일 자체가 되고 있지는 않은가 • 가설을 실시할 때 나타날 수 있는 장점과 단점을 찾아본다 • 예외, 모순점을 빠뜨리지 않는다 • 고정관념에서 벗어나 많은 해결책이 나오고 있는가 • 다른 부문에 영향을 주는 내용은 없는가(있다면 조언자 · 지원자에게 의뢰) • 대책안은 곧 부담스런 일이 되지 않도록 여러 면에서 살펴보았는가 • 대책안 가운데 파급효과를 고려한 방법이 들어 있는가

CHECK	• 개선 전과 후를 비교하는 그래프는 잘 만들었는가 • 2차적 효과도 빠짐없이 파악했는가 • 앞으로 예상되는 문제점을 파악했는가 • 계획했던 도달목표는 질과 양 모두에서 충분한 수준인가(문제가 있다면 전단계로 되돌아간다)

ACTION	• 활동에서 얻은 방법론과 관점을 일상 행동에도 적용시키기 위해 노력하고 있는가 • 다음 활동을 위한 방침, 이후 학습의 필요성을 명시했는가 • 새로운 기업풍토로의 정착을 기대할 수 있는가

〈창조개발형의 문제해결 방식〉

주요 주제 분야	· 고객 지향 관련 · 마인드 혁신 관련 등

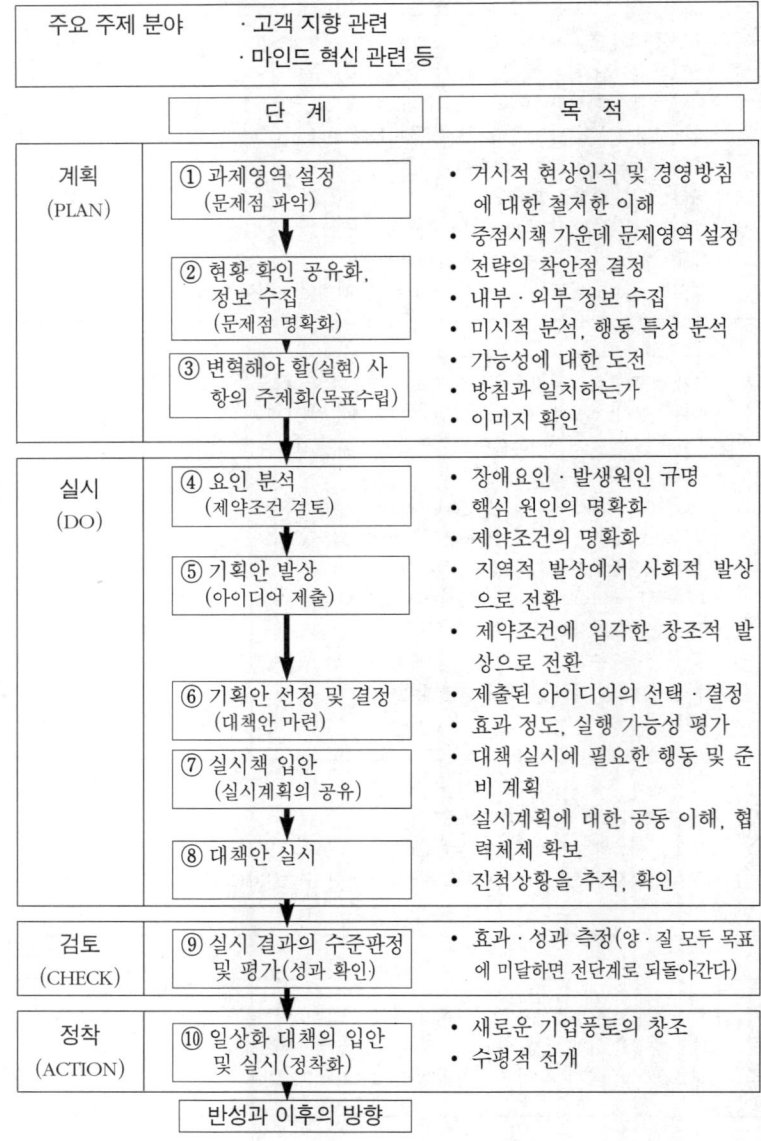

	단 계	목 적
계획 (PLAN)	① 과제영역 설정 (문제점 파악)	· 거시적 현상인식 및 경영방침에 대한 철저한 이해 · 중점시책 가운데 문제영역 설정
	② 현황 확인 공유화, 정보 수집 (문제점 명확화)	· 전략의 착안점 결정 · 내부 · 외부 정보 수집 · 미시적 분석, 행동 특성 분석
	③ 변혁해야 할(실현) 사항의 주제화(목표수립)	· 가능성에 대한 도전 · 방침과 일치하는가 · 이미지 확인
실시 (DO)	④ 요인 분석 (제약조건 검토)	· 장애요인 · 발생원인 규명 · 핵심 원인의 명확화 · 제약조건의 명확화
	⑤ 기획안 발상 (아이디어 제출)	· 지역적 발상에서 사회적 발상으로 전환 · 제약조건에 입각한 창조적 발상으로 전환
	⑥ 기획안 선정 및 결정 (대책안 마련)	· 제출된 아이디어의 선택 · 결정 · 효과 정도, 실행 가능성 평가
	⑦ 실시책 입안 (실시계획의 공유)	· 대책 실시에 필요한 행동 및 준비 계획 · 실시계획에 대한 공동 이해, 협력체제 확보
	⑧ 대책안 실시	· 진척상황을 추적, 확인
검토 (CHECK)	⑨ 실시 결과의 수준판정 및 평가(성과 확인)	· 효과 · 성과 측정(양 · 질 모두 목표에 미달하면 전단계로 되돌아간다)
정착 (ACTION)	⑩ 일상화 대책의 입안 및 실시(정착화)	· 새로운 기업풍토의 창조 · 수평적 전개
	반성과 이후의 방향	

체크리스트 (창조개발형)

PLAN	• 우리 은행을 둘러싼 여러 과제영역을 폭넓게 파악한다
	• 시대의 변화 속에서 사물을 다른 각도에서 재검토하여 변화의 방향을 찾는다
	• 내부 · 외부 · 지역 정보 가운데에 힌트가 있다
	• 중점시책 속에서 힌트를 얻자. 관점, 방법론, 해결책은 얼마든지 있다
	• 지역사회와 공생, 공감을 중시한다. '호감받는 기업'을 목표로 한다
	• 어떤 일이 조직 안에서 일어나고 있는가
	• 어떤 상태를 바람직하다고 생각하는가
	• 발생한 문제는 유기적으로 반드시 '고객'과 관계되어 있다
	• 평소 금물이다. 불가능하다고 생각한 영역에 도전한다
	• NAC활동은 개인의 변혁과 조직사회의 변혁을 잇는 다리 노릇을 한다

DO	• 넓고 깊은 식견을 쌓아 유연한 사고를 보존한다
	• 과제의 목적, 출발점, 의미, 기대하는 바를 재확인한다
	• 아이디어를 내놓을 때는 전제조건과 제약조건을 충분히 인식한 후 창조적으로 생각한다
	• 직장에 관한 발상에서 사회적 발상으로 전환
	• 제안된 아이디어에 무리는 없는가
	• 고정관념에서 벗어나 많은 대책안이 나오고 있는가
	• 대책안은 곧 부담스런 일이 되지 않도록 여러 각도에서 살펴보았는가
	• 자기 부문의 문제인가, 다른 부문과도 겹치는 문제인가
	• 다른 부문에 영향을 주는 내용은 없는가 (있다면 조언자 · 지원자에게 의뢰)
	• 대책안 가운데 파급효과를 생각한 방법이 있는가

CHECK	• 계획했던 도달목표는 질과 양 모두 충분한 수준인가(문제가 있다면 전단계로 되돌아가라)
	• 2차적인 효과도 빠짐없이 파악했는가
	• 기대했던 행동혁신, 마인드혁신의 효과가 나타나고 있는가
	• 앞으로 예상되는 문제점을 파악하고 있는가

ACTION	• 활동에서 얻은 관점, 방법론, 해결책 등을 일상 활동에서 살리고 있는가
	• 다음 활동을 위한 방침, 이후 학습의 필요성을 명시하였는가
	• 새로운 기업풍토로의 정착을 기대할 수 있는가

동은 불같이 일어난다. 사람이 바뀌어도 활동은 계속되어야 한다.

따라서 무엇보다 중요한 것은 경영자가 활성화된 조직의 중요성을 깊이 인식하며 그러한 조직 만들기를 최대의 경영과제로 삼아 매달리는 일이다. 그렇게 하지 않으면 활동은 형식적으로 운영되어 알맹이 없는 것으로 전락하고 만다.

5) 소집단활동 추진의 포인트

NAC활동을 추진함으로써 자유롭게 의견을 밝힐 수 있는 '의사소통이 잘되는 직장'이 만들어지고, 개선을 위해 생각하며 행동하는 기운이 생겨나자 개선제안도 급증하였다.

이러한 경험을 바탕으로 집단활동을 성공으로 이끄는 포인트를 정리해 보자.

① 컨셉트를 분명히 한다

소집단활동의 목적은 기업풍토를 혁신함으로써 조직을 활성화시키는 것이다.

조직의 활성화는 현대 경영의 최대 과제이다. 경영자가 직접 나서서 직원들에게 이를 명확히 인식시키는 것이 중요하다. 다른 회사가 하고 나서 해보자거나 개선을 현장에만 미루고 경영자와 관리자들은 방관한다면 어떤 활동도 성공할 수 없다.

② 경영자가 진심으로 열의를 가지고 추진한다

전원을 이해, 납득시키는 데에는 굉장한 정력이 필요하다. 그러나 이해와 납득 없이는 활동이 제대로 진행되지 않는다. 따라서 경영자는 전 구성원의 이해를 끌어내는 데 온 힘을 기울여야 한다. 지시를 통해 조직을 만들면 끝이라는 생각은 커다란 잘못이다. 어떻게든 성공하고야 말겠다는 열의를 가지고 그 열의를 직원들에게 정확히 이해, 납득시켜라. 그때 비로소 성공으로 나아갈 수 있다.

또 활동을 종합적으로 추진하기 위해 물리적 환경 정비, 문제해결 기법의 교육과 추진 각 단계의 일정관리, 진행사항 검토에 의한 수준향상 여부 파악 등 각 목표를 정확히 관리하는 일도 매우 중요하다. 이렇게 현장의 관리자들에게 활동에 대한 올바른 의식을 심는 것이 경영자의 역할이다.

되풀이해서 말하지만 경영자 자신이 진심으로 활동에 달라붙는 것, 직원들에게 자유롭고 활달한 풍토를 만들려는 자신의 열의를 전달하는 것이 가장 중요하다. 그때 비로소 리더들이 중심이 되어 직장의 활성화가 이루어지는 법이다.

또 모든 사람이 한꺼번에 열의 갖기를 기대하는 것은 무리다. NAC활동에서도 의지를 꾸준히 확대, 발전시키려는 노력이 중요하다.

젊은이들이 자아실현의 욕구를 세우고 서로 협력하고 도우며 목표를 달성하는 기쁨을 거듭 쌓아갈 때 활동 역시 더욱 활발해진다. 활동이 뿌리내리는 관건은 젊은이들을 살피고 정확히 뒷받침해 주는 관리자의 행동이다.

내 경험을 덧붙여 말하자면, 활동을 올바르게 인식한 지점장이 있는 곳과 과제 인식에 게으르고 무관심하며 명령을 좋아하는 지점장이 있는 곳은 실제 활동성과에서도 커다란 차이가 생기는 법이다.

제2장

본부의 활성화

- F100작전 추진방법 -

1. 왜 지금 활성화를 이야기하는가

1) 본부의 현상과 문제점

본부에는 수많은 사람들이 근무한다. 이른바 간접부문에 종사하는 사람들인데 자체로는 직접 수익이 나오지 않는다.

물론 간접부문 중에도 증권부문이나 국제부문처럼 자체의 업무를 처리하며 영업점과 똑같이 독립채산제로 실적을 평가받는 곳도 있다. 또 영업점 사무를 한 곳에 모아 일괄처리하는 센터부문도 있다. 그런 경우 영업점이 얼마나 효율화·생력화 되었는가, 사무를 집중함으로써 얼마나 메리트가 생겼는가(일괄 대량처리에 의한 생산성 향상)에 따라 존재 의의를 파악할 수 있다.

그밖의 간접부문들은 존재 의의를 측정하기가 몹시 어렵다. 그런데 문제는 존재 의의가 있느냐 없느냐가 아니라, 간접부문이 계속해서 관리사무와 인원을 늘리기만 할 뿐이지 규모를 간소화하지 않는다는 점이다. 사람은 그냥 내버려두면 일사천리로 사무를 확대해 가기 마련이다. 업무와 인원이 늘면 기분이 좋아지기 때문이다.

때때로 경영자가 던진 한 마디 질문이 사무를 크게 증가시키기도 한다. 질문을 받은 부장은 대답하지 못한 부끄러움 때문에 쿠하에게 자료 작성을 명령하고, 다시 밑으로 밑으로 내려가 피라미드처럼 커져간다. 게다가 그 일은 없어지지 않고 차츰 누적, 증가된다. 경영자는 과연 이 사실을 알고 있을까?

이것은 그 일이 과연 어느 정도의 가치를 만들어낼 것인가에 대해서는 전혀 생각하지 않고 그저 사무만 늘려놓는 셈이다. 입으로는 효율화를 부르짖어도 현실은 정반대현상이 일어난다.

두번째 문제는 본부의 모든 부문들이 저마다 영업점을 통할 관리한다는 인식을 갖는 사실이다. '관리'라는 인식에서 상위의식이 생기며 안이하게 영업점에게 보고만을 요구하는 풍토가 나타나기 쉽다. 결국 보고서만 쌓일 뿐이다. 최근 컴퓨터 시스템의 정비로 줄어들었다고는 하지만, 보고에 들어가는 영업점의 사무 코스트는 굉장한 액수이다. 그러나 그러한 코스트가 투입된 관리자료가 과연 투자만큼의 가치를 생산하고 있을까.

컴퓨터 시스템의 정비에 따라 막대한 환원자료가 작성, 송부되는데 그것이 얼마나 활용되는가는 거의 계산하지 않는다. 본부각 부서에서 쏟아붓는 산더미같은 문서도 그것을 읽고 정리해야 할 영업점에게는 막대한 코스트가 된다. 그렇다고 영업점의 입장에 서서 이용도나 편리함을 고려하는 경우가 얼마나 있을까?

세번째로 위에서 말한 증권·국제부문 등을 제외하면 본부 각부문의 일은 간접업무이기 때문에 직접 책임지는 경우가 드물다. 그래서 자칫하면 방어자세에 빠지기 쉽다. 무언가 좋지 않은 일이 발생하면, 영업점에서 신청해서 그렇게 됐다거나 우리는 알려주었는데 영업점에서 지키지 않았다는 식으로 현장에 책임을 넘겨버리는 경향이 그것이다. 여기에서 '본부는 수신(修身)만을 생각한다'는 말이 나왔을 것이다.

본부의 각 부문 내부를 들여다보아도 창설 당시에는 공격적 업무가 압도적으로 많지만 시간이 흐를수록 방어적 업무가 늘어나고 경직화되어 가는 것을 발견할 수 있다. 거기에는 여러 가지 이유가 있지만 몇 가지 주요한 것을 들어보자.

첫째, 경영자나 임원진이 지나치게 '관리의 질'을 부르짖기 때문에 '실수를 저지르지 않는 것'(완벽주의)이 업무의 중심에 놓여 자연히 방어적으로 된다.

둘째, 일반적으로 방어적 업무는 공격적 업무보다 편하다. 이미 갖춘 능력만으로도 일을 처리할 수 있기 때문이다.

셋째, 방어적 업무에는 '조정한다' '감사한다'는 행위가 들어 있어 업무상 다른 사람에 대한 우월감을 맛볼 수 있다.

넷째, 공격적인 업무에는 리스크가 많이 따르지만 방어적 업무에는 리스크가 거의 없다.

그 결과 본부는 현장의 실정과 동떨어져 지켜지지도 않는 규칙을 강요하거나 현장에 책임을 떠넘기고, 각 부문의 독자적 생각으로 서로 일치하지 않는 이런저런 지시를 내림으로써, 본부와 영업점 사이에 불협화음이 생겨나고 영업점은 본부를 불신하기 쉽다.

따라서 앞에서 말한 NAC활동의 추진으로 영업점이 점차 활성화되고 개선 기운이 활발해진다 해도 본부의 방어적 관리자세가 변하지 않는 한 커다란 걸림돌에 부딪칠 것이라는 우려가 생겼다.

2) 본부가 갖춰야 할 자세

본래 본부는 기업 전체의 경영과제를 충분히 인식하고 그 과제를 실현하기 위해 전향적으로 적극 도전하는 이른바 '참모본부'의 역할을 해야 한다. 관리 중심의 소극적 자세가 아니라, 기업의 체질을 바꾸는 데 중심이 되어 적극 나서야 한다.

특히 주변환경이 어려워지고 있는 오늘날, 종래의 틀에 박힌 태도로는 관리업무조차 제대로 해낼 수 없다. 변화에 발맞춰 유연하고 재빠르게 시행책을 찾지 않는다면 업무수행 자체가 아예 불가능하다.

게다가 지금은 양적 확대에서 질을 중시하는 쪽으로 경영 방침을 크게 바꾸어야 할 때이다. 따라서 최소의 경영자원으로 최대의 효과를 거둘 수 있도록 기업의 군살을 빼는 것이 중요하다. 다른 회사에 대한 차별화 전략을 통해 우위성을 갖추는 데에도 조직을 활성화시키고 창조력을 높이는 것은 필수적이다.

또 본부 자체도 각 부문들이 공통의 목적 아래 활동하면서 때에 따라 제휴하는 등의 유연한 시책을 펼쳐야 할 필요성이 더욱 커지고 있다. 나는 본부의 변혁에도 단순히 조직체계를 바꾸는 것이 아니라 의식을 뿌리부터 개혁해야 한다는 사실을 뼈저리게 느꼈다.

2. 본부 활성화의 추진

이러한 문제의식 아래, 본부 활성화운동을 벌일 것을 제창하였다. 이것이 1985년 11월부터 87년 3월까지 추진한 '프레쉬(Fresh) 100작전'이다.(이하 F100작전)

본부 활성화운동의 목적은 단순한 개선이 아니라, 사람들의 의식을 변혁하고 활성화시켜 본부 본연의 기능을 수행할 수 있는 창조적 경영체질로 만드는 것과 관리업무를 재검토하여 철저히 효율화하는 것에 두었다.

처음부터 벽을 만들거나 방어자세로 흐르기 쉬운 본부 직원들의 의식을 개혁하기란 쉽지 않다. 그래서 외부 컨설턴트를 활용하기로 하고 일본능률협회에 부탁했다.

지휘관으로 F100작전을 시작하고 보니 예상보다 저항이 훨씬 컸다. 총론은 찬성이지만 각론은 반대, 곧 자기 부서는 중요한 곳이므로 효율화할 여지가 없다는 분위기였다.

그래서 일본능률협회 경영 스태프들의 지도로 다음과 같은 단계를 밟기로 했다. 제일 먼저 요즘같이 변화가 거센 환경에서 본부는 무엇을 위해 존재하는가, 무엇을 해야 하는가를 확실히 심어주기로 했다. 활동 단계는 이렇게 나누었다.

① 본부 각 부문의 역할을 명확히 규정한다.

② 그 역할에 따라 해야 할 일을 분명히 제시한다.

③ 전향적으로 일하는 데 필요한 인원을 어떻게 만들 것인가.

요컨대 관리부문을 철저히 효율화함으로써 인원을 만들어 낼 수도 있을 것이다. 개선을 통해 단순히 생력화, 효율화를 추구할 뿐만 아니라 나아가 본부 본연의 모습(꼭 해야 할 바)을 재구축하고 의식을 개혁함으로써 경영체질 자체를 바꾸기로 한 것이다.

1) F100작전의 활동 단계

① 역할을 명확히 규정한다

본부 각 부문이 할 일은 사무분담과 권한 규정으로 정해져있다. 그러나 그 규정들은 통상 '어디까지 할 수 있는가' 라는 영역과 권한에 관한 내용이지 '무엇을 해야 하는가' 라는 본연의 역할을 규정하는 것은 아니다. 그 때문에 스스로 나서서 일을 찾기보다는 정해진 일을 실수 없이 하려는 구태의연한 풍토가 되기 쉽다.

그래서 F100작전에서는 효율화를 추진하기 위해서 사무국을 두는 것 외에 본부의 주요 부장들로 구성된 효율화 추진위원회를 만들었다. 추진위원회는 주로 본부의 역할과 그에 바탕을 둔 구체적인 활동방식 등을 검토해 나갔다.

몇 차례 의논을 거듭한 끝에 아래 내용을 합의할 수 있었다.

■ 본부의 역할

본부 각 부문은 각각 분담하여 업무를 보고 있다. 다시 말해 분담을 통해 처리해야 할 독자적인 역할을 가지고 있다는 뜻이다.

각 부문은 단지 관리를 위한 관리에서 벗어나 그러한 자신의 역할을 다함으로써 구체적인 성과를 올릴 수 있어야 한다. 이를 위해 목표를 세우고 계획적으로 적극 행동한다.

본부의 역할은 다음과 같다.

가. 영업점 업무지원

영업 추진

영업점의 효율화와 생산성 향상

영업점 업무조건의 정비, 개선

리스크를 피하기 위한 검토기능의 향상

이미지 향상

나. 각 부문 공통사항

생산성 향상

조금 덧붙인다면, 본부 각 부문의 역할은 영업점에 대한 관리

가 아니라 지원(Support)임을 철저히 주지시켰다. 그리고 활동이
구체적 성과를 낳을 수 있도록 계수로 된 목표를 세워 계획적으
로 추진하도록 했다. 예를 들어보자.

- 영업 부문
  종래 영업 부문은 영업점에 목표를 떨어뜨리고 채근하는 것
  을 업무라고 생각해왔다. 하지만 이제는 영업점이 실적을 올
  릴 수 있는 구체적인 시행책을 검토, 실시하고 성과를 검증
  하며 다음 시책을 마련한다.
- 사무 부문
  사무 부문은 영업점의 인력 · 사무절감을 위해 계수로 된 연
  간 생산성 향상 목표를 세운다. 그리고 목표를 실현하기 위
  해 사무와 계획의 개선, 집중화와 기계화, 담당자의 기능 향
  상, 사무사고 방지를 위한 운영체제의 정비 등 구체적인 시
  책을 실시하며 성과를 검증한다.
- 인사 부문
  인사 부문은 종래의 인사관리 업무(채용, 인사이동, 급여 등)
  뿐 아니라 필요하면 인재를 양성, 확보하는 일도 한다. 다시
  말해 어느 부문에서 어떤 기능을 가진 사람(질)을 어느 정도
  (양) 필요로 하는지 파악한 후에 계획적으로 인력을 양성하
  고 확보하며 적재적소에 배치하여 영업점의 업무에 도움을
  준다.
- 심사 부문
  심사 부문의 역할은 본래 신용리스크를 회피하기 위한 검토
  기능이다. 앞으로는 리스크가 있다고 영업점이 신청한 안건
  을 무조건 잘라버리지 말고, 조건을 이렇게 다듬으면 안건으

로 채택할 수 있다는 등 영업점의 입장에 서서 노하우를 제공해 주면서 동시에 영업점 직원들의 여신능력을 높여준다.

• 검사 부문

검사 부문은 영업점의 부정이나 사무사고를 방지하기 위해 검사, 검토하는 기능을 가진다. 앞으로는 사고 상황을 검토하는 것뿐 아니라 사고를 미연에 방지하기 위해 영업점 내부 운영, 그리고 영업점 자체의 검토기능을 점검, 지도한다.

그밖의 부문들에 대해서도 각자의 역할이 영업점 업무를 개선시키기 위한 '지원'임을 분명히 밝혔다. 그러한 인식에 바탕하여 부문마다 영업점을 도울 수 있는 구체적인 시책(계수 목표)과 연간계획을 세워서 일정 기간이 끝나면 성과를 확인하도록 했다. 연간계획 및 성과 확인(실적 보고)은 경영회의에 올리도록 했다.

이렇게 구체적인 연간계획을 세움으로써 그동안 경영회의에 자주 올라왔던 개별 안건을 줄일 수 있었고, 안건 준비에 드는 막대한 사무코스트도 크게 낮출 수 있었다.

본부 직원들의 의식은 차츰 '관리'에서 '지원'으로 바뀌었고 본부와 영업점 사이의 의사소통도 개선되어 일체감이 생겼다. 영업점 곳곳에서 본부가 달라졌다는 소리가 나오기 시작했다.

또 관리자료를 처리할 때도 단순한 집계, 정리가 아니라 내용을 분석하여 해결과제를 찾아내게 했다. 과제를 뽑아낼 수 없는 자료는 있어봤자 별의미가 없다는 생각을 철저히 심어주었다.

② 역할 수행방법의 검토

본부 각 부문의 역할을 재구축한 뒤에는 구체적인 실천방법을 검토하기 시작했다.

　지금까지는 틀에 박힌 관행적인 업무 중심이었지만, 앞으로 영업점에 대한 적극적인 지원업무를 펼치려면 구체적으로 무엇을 해야 할지 잡아내야 했다.

　예를 들어 이제까지는 사람이 없어 할 수 없었지만 만약 인원이 늘어난다면 하고 싶은, 또는 해야 할 영업점 지원 · 강화책이나 새로운 수익원이 있으면 제안서(〈표 2-1〉 참조) 형태로 제출하게 했다. 이는 얼핏 보기에는 인원 증가를 가져와 효율화에 반대되는듯 보이지만 다음과 같은 목적을 갖고 있다.

　가. 본부 각 부문으로 하여금 '지원'이라는 새로운 인식 아래에서 무엇을 해야 하는지 구체적으로 검토하게 함으로써 자기 역할에 대한 인식을 더욱 높인다.

　나. 인력 · 사무 효율화만을 전면에 내세우면 사람들은 방어적이 되어, 우리 부서는 낭비가 없으니 효율화할 여지가 없다고 반발하게 된다. 그러나 영업점 지원을 강화하기 위해 증원의 필요성을 먼저 이야기하고 그 인원을 마련하기 위해 절감을 꾀한다고 설명하면 비교적 쉽게 받아들인다. 그렇게 되면 영업점의 업무를 지원하기 위한 기능강화와 효율화(절감)를 동시에 추진할 수 있다.

　부문마다 새로운 수익원을 많이 제시하였지만, 그 가운데에는 현상유지형(절감대상이 되지 않으려 하는 형)도 있었고 방어자세가 두드러지는 등 역행적인 내용도 많았다. 추진위원회에서는 그러한 내용은 모두 잘라버리고 투자효과가 있는 것만을 엄격히 선정하였다.

　채택한 주제 가운데는 영업부문, 사무부문 등에 전문팀(Expert Team)을 두어 영업점에 대한 현지 지도와 업무지원을 맡기자는

〈표 2-1〉 VIP 수직원 제안서

			년 월 일

안 건 명		분야	• 신제품 · 신기술 개발 • 판매 확대 • 코스트 경쟁력 강화 • 관리체질 강화 • 관련기업 강화 • 신규사업 촉진 • 기업구조 혁신 • 인재 육성 • 기타
안건의 구체적 내용		추진 형태	• 현 조직 • 신규 프로젝트
		소요 인원	남 명 여 명 계 명
기간	년 월 ～ 년 월		
기대효과 (수치로 적으시오)			
비고			
제안자	부 과 직위 이름		

안이 있었다. 그밖에도 기획부문에 새로 80여 명의 전문인원을 배치하여 기획력을 강화하였다. 그 인원은 뒤에 소개할 약 100명의 효율화 인원으로 충당했다. 그리고 어렵게 마련한 새로운 전문팀이 거꾸로 효율화되어야 할 일에 재투입되는 것을 막기 위해 업무범위를 명확히 정하고 개개인에게 활동계획을 마련하게 하여 기간마다 반드시 성과를 검토했다. 그 뒤 전문팀은 뛰어난 사명감과 적극적이고 계획적인 행동력으로 영업점들의 높은 평가를 받았다. 나아가 대(對)고객활동도 맡아 차별화 전략으로서도 성과를 거두었다.

2) 효율화의 추진

체제를 정비하고 역할에 대한 인식을 재정비한 뒤 드디어 효율화 문제로 나아가게 되었다. 일본능률협회의 지도 아래 효율화 추진위원회와 F100작전 추진사무국이 중심이 되었다.

효율화의 핵심은 무엇보다 '의식개혁'이었다.

"관리자든 일반 직원이든 한번 시작한 업무는 필요없어져도 끝까지 붙잡고 있거나 혹은 무의식중에 자기 일을 정당화시킵니다. 게다가 상사는 그 일을 그만두라고 말하는 법이 없으며, 요구하는 쪽은 그 업무에서 발생하는 코스트를 전혀 알지 못합니다. 바로 이것이 우리의 실태입니다.

이는 의식(업무를 보는 관점, 견해)이 바뀌어야 해결될 문제지만, 실제로 의식을 바꾸기란 몹시 어렵습니다.

의식을 바꾸려면 과거와 절연하거나 현상의 연장선상에서 생각하지 말아야 합니다. 그렇게 하려면 현상을 부정해야 합니다. '왜

이 일을 하고 있을까, 이 업무의 목적은 무엇일까?' 라고 출발점으로 돌아가 다시 한번 생각해 보십시오.

이런 식으로 모든 업무를 일단 부정합니다. 그리고 방어업무라고 판단되는 것을 하나씩 제거합니다. 이렇게 행원 하나 하나가 리더의 지도 아래 자신의 업무를 한 차례 걸러 받아들이면 관리와 업무에 대한 관점, 견해도 조금씩 바뀝니다. 지금 하는 일 가운데 가치없는 부분은 사라지고 가치가 낮은 부분은 적어지며 적극적으로 이익을 만드는 공격적 업무가 늘어나게 됩니다. 이렇게 일상 업무를 재검토하여 행동으로 개선해 가는 것이 바로 의식개혁의 내용입니다.″(일본능률협회 경영 제안서에서)

이러한 의식개혁을 중심으로 다음 절차에 따라 구체적으로 효율화를 추진했다.

① 부서마다, 개인마다 매일 자신이 처리한 업무를 적고, 그 내용을 대·중·소 분류로 나누어 정리한다.

이 작업은 본부 전원을 대상으로 한 방대한 작업이었지만, 여태까지 외부에서는 알 수 없었던 각 부문의 속내용을 구체적으로 알게 해주었다.

② 다음으로 본부 각 부문의 업무에 공동의 여과장치를 마련해 쓸모없는 것들은 걸러 버렸다. 그 주된 내용은 이러하다.

의식개혁의 각 단계와 효율화를 위한 점검사항

① 목적에 철저히, 쓸모없다면 당장 없앤다

중요한 것은 목적을 견지하는 일이다. 각각의 직무와 업무를 볼 때 '본래 목적은 무엇인가'에 초점을 맞추어 무용하거나 과잉과 중복 등 낭비가 분명하다면 당장 없앤다. 점검할 사항은 다음과 같다.

- 아무 목적도 없는 일은 아닌가(무용)
- 목적이 잘못되지 않았는가(무용)
- 처음에는 목적이 있었지만 지금은 어떤가(과잉)
- 목적이 다른 부문과 똑같지 않은가(중복)
- 목적은 다르지만 다른 부문과 비슷한 일을 하고 있지 않은가 (중복)
- 여태까지 처리해온 습관의 연장이 아닌가(무용, 과잉)
- 다른 것으로 메울 수 없는가(무용, 중복)
- 개선이 미비하다면 없애버린다

이러한 관점들이 효율화에 가장 큰 효과가 있었다. 단, 업무를 없애는 데에는 무엇보다 상사의 의식이 철저히 바뀌어야 한다.

지금 하는 일을 아래 관점에서 다시 살펴보면 꽤 많은 부분을 정리할 수 있다.

- 이 일을 그만두면 어떤 문제가 생길까
- 질책받지 않기 위해서 하는 일은 아닌가
- 이익을 올리는 것이 아니라 자기방어적인 업무는 아닌가
- 단지 불똥을 털어버리는 정도의 일은 아닌가 (불의 진원을 끄라)

• 그것을 알아서 어떻게 하겠다는 말인가, 그것을 알아내 과연 알맞는 행동을 취하고 있는가

② 반으로 줄여버린다

'없애버린다'와 마찬가지로 '반으로 줄이자'는 목표를 세워 강제적이라도 달성할 수 있는 방법을 생각하게 만든다. 예를 들어 10명의 일을 5명이 처리하려면 어떻게 하면 좋을지 구체적인 방법을 고민하게 한다.

여기 일을 줄이는 5가지 핵심사항이 있다.

• 시간과 돈을 반으로 줄인다
• 횟수와 기간을 반으로 줄인다
• 수량, 종류, 매수, 내용을 반으로 줄인다
• 왕복이용을 반으로 줄인다
• 집약하여 반으로 줄인다

이러한 관점이 보고 서류를 대상으로 하는 '베스트 원(Best One. 서류는 원칙상 한 장으로)' 운동으로 이어졌다.

③ 부서의 중복업무를 삭제한다(종적 측면)

한 부문 안에 똑같은 목적을 가진 업무가 중복되고 있지 않은지 살펴본다.

• 왜 똑같은 목적에 많은 사람이 매달려야 할까
• 나 혼자, 또는 특정 개인이 할 수는 없을까
• 이양하거나 이양할 수 있는 권한은 없을까
• 입안자는 누구인가, 결재자는 누구인가

부장-차장-과장-담당자라는 종적 조직이 있지만 각각의 위치에서 무엇을 기준으로 일을 할 것인지 분명히 설정해야 한다. 결

재가 형식적으로 되고 있지 않은지, 위치는 다른데 똑같은 잣대로 검토하고 있지 않은지 유의하라. 역시 모두 관리자의 의식에 달려 있다.

④ 각 부문의 중복업무를 삭제한다(횡적 측면)
부문들이 서로 겹치는 업무는 없는지 살펴본다.
- 정말 우리 부문만 하는 일인가
- 다른 부문에서도 똑같은 목적으로 하고 있지 않은가
- 그 목적을 이루려면 꼭 우리 부문이 참가해야 하는가
- 꼭 알맞는 사람들이 회의에 참가하는가
- 이 서류와 전표는 다른 부문과 똑같은 목적을 수행하고 있는데 단지 양식만 다른 것은 아닌가

본부에는 협의를 통해 결론을 내리려는 것부터 어떤 사항을 철저히 주지시키려는 것까지 서로 다른 목적을 가진 회의가 수없이 많다. 철저히 주지시키는 것이 목적이라면 주최자의 설명이 중심되기 때문에 처음부터 소요시간을 예상할 수 있다(회의 소요시간의 사전 설정). 결론 내리는 것이 목적이라면 참가자는 책임있는 사람들로 한정지어야 한다. 혹시 자기 부문에서 책임지고 결정해야 할 문제를 다른 부문도 모인 회의에 내놓고 있지는 않은가 살펴본다(책임회피).

⑤ 관리를 횡적으로 검토하여 과잉관리를 배제한다
같은 위치의 관리자들이 평소에 하는 일상업무를 시간, 횟수 등으로 분류, 비교하여 과잉관리를 없애도록 한다.
- 왜 똑같은 일인데 소요시간은 다를까
- 행동은 같은데 왜 처리 횟수가 틀릴까

- 잘하는 사람에게 배우면 처리시간을 줄일 수 있지 않을까
- 그 일은 겉보기에는 필요한 듯해도 사실 필요없지 않을까

관리자의 관리행동에는 기준이라고 정의할 만한 것이 없어 의식과 능력에 따라 아주 들쑥날쑥하다. 그러나 어떤 행동이든 부하에게 업무 부담을 주는 경우가 많기 때문에 효율화를 꾀하면 커다란 도움이 된다. 나아가 필요하다면 업무를 과감히 하부에 넘긴다.

⑥ 소비자(받는 쪽)의 입장에서 생각한다

어떤 서류나 자료를 만들 때 그것이 정말 받는 쪽에 도움이 될지 다시 한번 돌이켜보라. 그러면 쓸데없는 업무나 서류들을 없앨 수 있다.

- 의뢰하지 않으면 크게 손해를 보는가
- 의뢰하지 않으면 업무를 완수할 수 없는가
- 이 서류나 자료의 활용 목적은 무엇인가, 정말 활용하고 있는가
- 정기적이 아니라 필요할 때 전달하면 어떨까
- 이 서류나 자료를 만들 때 소요되는 시간(코스트)을 생각해 보자
- 의뢰하지 않았는데 의무적으로 보내주는 서류나 자료를 한번 중단해 보자

⑦ 방어에서 공세로

본부의 업무는 70~80%가 관리기능이므로 효율화 부문이 많다. 현상 유지나 낮은 수준을 일정한 수준으로 끌어올리는 등의 방어업무에서는 빨리 벗어나고 수익을 더 높이는 공격적 업무를

적극 늘려야 한다. 방어업무를 줄이는 3가지 핵심사항은 다음과
같다.

- 내가 사장이라면 투자하겠는가
- 이 일을 하지 않으면 회사가 크게 손해를 보겠는가
- 자기방어를 위해 하는 일은 아닌가

방어업무는 얼마나 가치 있는가를 기준으로 '없애버린다', '반으
로 줄인다'는 관점에서 재검토하여 무용, 과잉, 중복을 배제한다.

⑧ 투입보다 산출을 크게

올바른 목적이라도 투입되는 코스트가 효과보다 크다면 그 업
무는 가치가 낮은 일이다. 그럴 때는 대의명분이 어떠하든 전혀
의미가 없다. 이러한 가치기준을 보편적인 잣대로서 철저히 주
지, 정착시켜야 한다.

- 어제는 효과가 있었지만 지금은 어떤가
- 무의식중에 막연히 효과를 기대하는 것은 아닌가
- 하지 않으면 무슨 문제가 일어날 듯한 애매한 불안감으로 그
  일을 하는 것은 아닌가
- 그저 위의 명령에 따라 하고 있지 않은가
- 내가 좋아한다는 이유만으로 하고 있지 않은가

이러한 관점에서 자기 업무를 과감히 재검토하여 가치가 낮은
업무를 줄여라. 그 힘을 적극 매달려야 할 공격적 업무에 쏟아부
어라.

⑨ 관리업무의 수준을 끌어올린다

투입보다 산출을 크게 만들어야 하지만 투입(투입 코스트) 자
체를 줄여 효과를 거둘 필요도 있다. 따라서 관리업무마다 각각

의 표준을 정해 가까워지도록 개선해야 한다.

본부의 업무는 아주 다양하기 때문에 표준을 정하기 어렵지만 처리시간을 기준으로 삼는 것도 하나의 방법일 것이다. 또 영업점과는 달리 다양한 사무가 지침서 없이 말로 이루어지는 경우가 많으므로 매뉴얼과 규정을 만들고 자동화할 필요가 있다.

〈표 2-2〉 개선방법에 따른 개선사항

NO.	개선방법	건수	효율화 시간
1	중지	5,570건	4,207.0h
2	간소화	3,612	3,926.8
3	계획 변경	1,778	1,804.5
4	집약화	467	551.5
5	권한 이양	271	350.0
6	행동기준 결정	396	614.0
7	대체, 대용	200	221.0
8	외주	12	19.3
9	타사, 타인 활용	750	716.4
10	OA화	191	271.5
11	기타	29	202.5
	합계	13,276건	12,884.5h

현재 여력시간		6,855.7h
삭감시간		19,740.2h

이상의 본부 효율화 시책을 실시한 결과 〈표 2-2〉와 같은 효과 (시간 삭감)를 올릴 수 있었다. 또 본부의 대상인원 554명 가운데 98명을 감축하여 그 가운데 도중 퇴직자(보충 안함) 21명을 제외한 77명을 다음과 같이 새 업무에 투입할 수 있었다.

- 영업점 지원체제의 강화 10명
- 수익체제 강화 등 중점시책 부문 32명
- 부서 강화 및 효율화 추진 부문 12명
- 영업점 투입 23명

F100작전의 성과를 바탕으로 이번에는 다음과 같은 일을 추진하기로 했다.

- 효율화 개선사항은 확실히 실행한다. 개선 장부에 올라온 거선책은 엄격히 사후 확인한다. 특히 인원이 적은 부서에 신경쓴다.
- 수익원에 관련된 방안은 적극 실행한다.
- 이밖에 부문 계획도 활성화시켜 계획에 따라 확실히 성과를 올린다.

또 업무 수행상의 공통이념을 정하고 실행하였다. 일을 할 때에는 아래의 이념에 입각하여 항상 생각하면서 행동하고 효율화를 추진한다.

- 목적을 견지한다
  목적에 맞지 않는 일은 용기있게 그만두자(목적지향, 가치지향)
  자신의 업무를 끊임없이 되살펴보자

누구나 문제제기자가 되자
- 최소의 투자로 최대의 효과를 올린다
투입보다 효과를 크게 하자
- 언제나 서비스를 받는 쪽의 입장에 서서 생각하자
받는 쪽이 인정하게 만들자
- 방어적 관리업무에서 공격적 관리업무로 태도를 바꾼다
대응책을 내놓지 못하는 관리는 어떤 가치도 없다

또 다음과 같은 개선 점검사항을 정해 정기적으로 관리체제를 점검했다. 무엇보다 중요한 점은 업무량을 늘리지 않는 것이다.
- 낭비는 누구에게도 도움이 되지 않는다
- 현상의 부정
- 최고의 개선은 코스트 제로
- 사람은 최고의 보배(가치없는 일을 시키는 것은 부끄러운 처사이다)
- 한계에 끊임없이 도전한다
할 수 없다고 생각하지 말고 언제나 어떻게 하면 할 수 있을까를 고민한다

3) F100작전의 성과

본부 업무의 효율화는 앞에서 보았듯이 일단 성과를 올릴 수 있었다. 그러나 최대의 성과는 본부 직원들의 의식개혁이라고 할 수 있다.
모든 활동의 중심은 의식개혁이었다. 자기 역할의 재인식은 물

론 효율화도 철저한 의식개혁 없이는 불가능했을 것이다.

이제 부문들마다 약간의 격차는 있었지만 '지원'이라는 새로운 역할을 철저히 인식하고, 그에 따라 활동함으로써 본부와 영업점 사이에 일체감이 생기게 되었다.

또 본부 각 부문들 사이에도 벽이 사라지고 원활한 연대활동이 이루어졌다. 회의 형식을 빌리지 않고도 필요할 때 필요한 사람들이 팀을 구성해 활동한다거나 긴급할 때 자발적으로 모여 일을 처리해 나갔다. 특히 젊은 직원들과 중견간부급 사이에 문제의식이 높아졌고 개선제안과 검토가 활발하게 이루어졌다.

연간부문계획을 세우는 일도 자리잡게 됨으로써 경영목표를 적극적으로 실현하고 본부 본연의 활동을 더욱 진전시키는 구실을 하였다.

마지막으로 언제나 투자와 효과를 고려하는 가치관이 뿌리내림으로써, 이후 활동에도 유효한 기준으로 작용하게 되었다.

그렇지만 여러 가지 성과에도 불구하고 한 번의 작전으로 활성화를 뿌리내리게 할 수는 없다. 시간이 지나거나 사람이 바뀌면 어느 틈에 원점으로 되돌아가기 쉽다. 따라서 몇 번씩 되풀이하면서 재확인하고 정착시키는 것이 최대의 과제로 남았다. 조직을 죽이기도 하고 살리기도 하는 것이 사람이라는 사실을 명심하기 바란다. 따라서 사람들이 자기 역할을 올바르게 인식하고 있는지, 그에 따라 적극 활동하고 있는지 항상 확인하라.

또 하나 남은 문제가 있다. 본부는 경영진과 직접 맞닿은 위치에 있기 때문에 경영자의 태도에 따라 이리저리 흔들리기 쉽다. 경영자가 관리를 강조하면 따르지 않을 수 없기 때문에 자칫 소극적 관리로 되돌아갈 수도 있다. 그러므로 경영자 자신부터 본부 활성화의 필요성을 깊이 인식하고, 적극 추진해 나가야 한다.

거듭 말하지만 지금과 같은 변화의 시대에 유연한 정책을 탄력 있게 펼칠 수 있는 본부의 활성화는 정말 빼놓을 수 없이 중요한 경영과제이다.

3. 영업점의 효율화(Shape Up작전)

본부를 대상으로 F100작전을 펼쳐 성과를 올렸으므로 이제 남은 것은 영업점의 효율화였다. 이것이 바로 효율화 2단계, '셰이프업 작전(영업점의 효율화)'이다.

금융자율화, 고객 기호의 다양화 및 고도화라는 새로운 환경에 대응하려면 고객과 직접 대면하는 현장 영업점이야말로 고객의 기호에 부응해 수익을 올릴 수 있도록 체제를 탈바꿈시켜야 한다.

그러기 위해서는 제일 먼저 점장을 비롯한 관리자가 자신의 역할을 재인식하고 철저히 실천해야 한다.

- 점포 본연의 역할은 무엇인가
- 그에 따른 각 계층의 역할은 무엇인가
- 현실에서 하는 일은 그 목표를 달성하는 데 얼마나 도움이 되고 있는가(가치판단, 중요한 일로 전환)
- 목표 달성이라는 가치척도에 비추어 가치가 낮고 목적에 맞지 않는 일은 자른다(코스트 삭감)
- 코스트를 기준으로 사물을 본다

이상의 관점에서 효율화를 꾀하면서 보다 나은 점포 만들기 운동을 전개하기로 했다. '셰이프업 작전'은 담당부서인 사무관리부에서 주도적 역할을 맡았으므로 활동의 개요에 관해 그곳에서 정리한 내용을 소개한다.

1) '셰이프업 작전'의 필요성

우리 은행은 새 시대의 새로운 영업점을 만들기 위해 1987년 4월부터 88년 3월까지 1년간 모든 점포에서 일제히 '셰이프업 작전'을 전개했다.

'셰이프업 작전'은 왜 필요했을까?

우리 은행은 1985년 창립 90주년을 맞았다. 이를 계기로, 또 금융자율화로 인해 은행의 환경이 크게 바뀌었기 때문에 종래와는 다른 기업체질을 구축할 필요가 있었다.

새로운 은행 만들기의 한 가지 시책이 바로 '셰이프업 작전'이다. 금융자율화 시대가 되면 경제 환경이 아주 어려워질 것이다. 또 은행 자체를 둘러싼 환경도 크게 달라지고 있다. 따라서 효율화를 추진하여 군살을 빼고 저코스트 체질로 만들지 않으면 살아남기 어렵다.

먼저 현상을 부정하고 원점으로 돌아가 고객의 기호에 비추어 이제까지 추진해 온 업무와 서비스 방식이 과연 잘된 것인가 묻는 질문에서 출발했다. 그 속에서 '은행 본연의 모습'을 고민하고 구체적인 실천방법을 찾고자 한 것이다.

2) '셰이프업 작전'의 전개

우리 은행에서는 이미 본부의 효율화와 각 부문의 역할 인식을
목표로 'F100작전'을 전개했었다. 그 결과 약 20%의 효율화를
이룩했으며, 거기에서 생겨난 인원을 효율화 부문에 재배치했다.
그런 뒤 다음 단계인 '영업점의 효율화'를 검토하기 시작한 것이
다.

우리 은행은 '중기계획(Wing Plan)'이라는 이름으로 5년간 영
업점 총인원을 500명 감축한다는 계획을 세우고 있었다. 따라서
그 감원에 어떻게 대응하는가는 긴급한 과제였다.

연간 100명이라는 대규모의 감원이 예상되어 종래의 규정이나
시스템을 검토하는 것만으로는 불충분했다. 그래서 다시 한번 사
람의 의식에 중점을 두기로 했다. 사람은 기계와 달리 의식 여하
에 따라 2배 가까운 일을 처리할 수 있는 잠재능력을 가지고 있
다. 다시 말해 '셰이프업 작전'이란 사람의 활성화에 도전하는 문
제였다.

작전의 중심은 두 가지로 요약할 수 있다. 하나는 바람직한 영
업점상을 구축하고 거기에 비추어 현상을 수정하는 일이다. 또
하나는 처음부터 현상을 부정하고 현재의 4/5의 인원으로 업무를
추진할 수 있도록 불필요한 부분을 과감히 잘라버리는 것이다.

그 바탕에는 영업점이면 어디까지나 고객에게 이득이 되는 서
비스를 제공할 수 있든지, 꾸준한 수익을 올릴 수 있어야 한다는
생각이 깔려 있었다.

'셰이프업 작전'의 개요는 다음과 같다.

〈표 2-3〉 셰이프업 작전의 전개

항목	실시내용	비고
내용	• 전 은행 차원의 사무 합리화, 효율화 운동 • 사람의 활성화를 기본으로 기능 · 역할 면에서 접근	• 타 은행과 차별화를 꾀함 • 실폐기에 의한 체질 강화
목적	• 새로운 시대에 살아남기 위한 점포 혁신 • 이익 창출	• 고객을 위한 서비스 제공 • 수익체질로 개선
기간	• 1987년 4월 ~ 88년 3월 (1년간)	• 단기 속결주의
대상	• 전행 대상. 단, 본점에 준하는 규모는 종합코스로, 그밖에 점포들은 효과를 바라볼 수 있는 방법을 선택해 실시	• 대형 점포도 지도반이 참가하여 실시
주체	• 영업점 전원 • 사무관리부 지도반이 지원	• 전원 참가가 성공의 바탕

수행방법	• 사무량 20% 삭감을 목표로 한다.
	  낭비나 비효율적인 업무를 없앤다.
	• 점포를 조직화하여 전원참가 체제를 만든다.
	  전원이 두럽 절감에 적극 나선다.
	• 관리자의 의식을 개혁해 관리업무를 강화한다.
	  사무에 대한 현상 파악이 중요하다.
	• 본점 개선 65개 항목 가운데 자기 점포에 해당하는 것을 실행한다.
	  (아울러 우리 점포에 알맞는 독자 항목을 선정)
	  한 곳에서 얻은 노하우를 전체에 전파한다.
		• 본연의 모습 구축(기능계통도)
		  [이상·현실=문제점]
		• 현상 부정
		• 억지로라도 4/5체제 사상을 갖게 한다.
		• 개선의욕 정착
		• 정확성 추구

① 구체안 책정과 모델점 선정

'F100 작전'과 마찬가지로 전 영업점에 실시되기 8개월 전에 외부 컨설턴트를 초빙해 작전의 프로젝트를 만들고 구체안의 검토에 들어갔다.

가. 컨설턴트의 활용

사무관리부에는 예전부터 영업점의 효율화와 사고방지 등을 지도하는 사무지도 담당자가 있었다. 그러나 이 작전은 발상과 관점을 바꾸는 거대한 작업이기 때문에 외부 컨설턴트를 채용할 필요가 있었다. 여기에서 말하는 관점이란 '예금계는 원래 어떤 일을 해야 하는가, 융자계는 또 어떠해야 하는가' 처럼 역할론에 바탕을 둔 '본연의 모습'을 구축하여 이익이 되는 일은 더욱 강화하며 불필요한 부분은 삭제하여 효율화 한다는 사고이다.

구체적으로는 '기능 계통도'를 만들어 활용했다.

나. 업무 분석과 모델점

최초의 모델점은 본점 영업부를 선택했다. 그 이유는 다음 두 가지 때문이다.

첫째, 중소 규모의 점포는 인원수가 적기 때문에 비교적 효율화가 진행되어 있으나 대형 점포는 그렇지 못하다.

둘째, 본점 영업부는 우리 은행을 통틀어 최대 규모이며 특수한 요인을 많이 가지고 있기 때문에 이곳을 효율화한다면 전체에 미치는 파급효과가 클 것이라고 생각했다.

모델점을 선정한 뒤 본점의 각 과장, 사무관리부의 영업점 지도반(Support Man이라 부름), 그리고 컨설턴트 3자로 구성된 프로젝트 팀을 짰다. 프로젝트 팀은 본점 영업부의 '바람직한 모습'을 그려내고 3개월동안 업무개선 처방전을 만들어냈다. 개개인의 실제 업무를 모조리 분석하여 본점 영업부, 사무관리부 전체에서 약 400가지 항목의 개선 사항과 합리화 사항, 문제점을 찾아냈다.

다. 구체적인 개선안의 검토

위에서 찾아낸 각종 문제점 가운데 실시 효과가 큰 것, 실현 가능성이 있는 것, '바람직한 모습'에 들어맞고 다른 점포에도 파급효과를 기대할 수 있는 것 등을 선별하여 개선항목과 구체적인 개선책을 만들기 시작했다. 아울러 실시 효과(생력화 되는 사무량, 인력절감 효과)도 추정해냈다.

이리하여 드디어 64개의 개선안을 마련했다(〈표 2-4〉 참조). 이 개선안 64개 항목을 완전히 실시하면 인력절감 효과는 20명이 넘을 것으로 예상되었다.

2~3개월동안 구체안을 만든 뒤 본격적인 실시 단계로 넘어갔다.

〈표 2-4〉 **모델점(본점)의 개선안**

번호	주제	번호	주제
1	내부 사무인원의 재배치(한가한 날에는 영업부문 등으로 배치)	6	종업원 예금의 이자이체 의뢰서 청구자의 이자 이체(센터 처리)
2	전표가 원활히 흐르도록 체제 확립	7	창구(빠른 창구)체제의 확립
3	각 계(係)의 호환성을 향상시킨다.	8	보통예금의 무통장거래 때 표시 검인 생략
4	영업과는 폴로반(계 무소속)과 스톡반(계 소속)으로 분리한다.	9	올바른 기표를 독려
5	지점내 불입도 자동입금과 마찬가지로 환원자료로 작성해 놓는다.	10	지불기금 정리사무의 합리화

번호	주제	번호	주제
11	월말의 마감 후 입금은 100만 엔 이상은 전일 처리, 그 외는 마감후로 처리	26	당좌예금의 인감부를 작성하여 창구계에서 인감을 대조한다.
12	급여이체의 등록 및 기장을 일반이체와 마찬가지로 취급한다.	27	인지세의 일괄납부 확인 중지
13	쿠폰 결제처리를 지구센터에서 한다.	28	온라인 지급에서 건수가 많은 고객의 부인감표 청구 촉진
14	후방의 배치를 변경한다.	29	문서나 전표에 의한 계좌이체를 가능한 한 본부로 집중
15	불입의 MT/FD화 추진	30	동경전력의 당일 수납분을 지구센터에서 다음날 집계한다.
16	일반이체와 급여이체의 사전 진입 추진	31	계좌이체의 인감조회는 지구센터에서 한다.
17	CD, AT의 이용율을 높인다.	32	계좌이체 위탁기업이 의뢰서를 당행, 점별로 발송한다.
18	정기예금을 자동적으로 입력한다.	33	전화에 의한 사고계는 서류청구 생략
19	정기 예금증서 및 통장의 번호 기입 폐지	34	내방객 면담시간의 단축, 일반이체의 센터 집중
20	카드 세트율의 향상을 촉진한다.	35	문서환은 일괄, 본부로 집중한다.
21	전신환 자동입금률을 높인다.	36	세금은 본부에 집중한다.
22	전화에 의한 예금간 이체를 추진한다.	37	종합불입 등록용지를 본부가 직접 우송한다.
23	적립식 정기예금 · 정기적금의 계좌이체를 촉진	38	안내를 폐지한다.
24	잔고증명을 센터에서 작성 추진	39	원거리 전신환은 모두 지구센터에서 처리한다.
25	재형저축의 계좌이체율을 높인다.	40	종합불입을 본부로 집중한다.

번호	주제	번호	주제
41	수입 수수료의 일괄징수, 계좌이체 취급 철저	53	안내원을 상시 배치한다.
42	어음 수납의 본부 집중을 촉진한다.	54	전화기를 버튼식으로 바꾸어 다이얼 방식을 도입한다.
43	출납계를 현금집중과로 전면 이관	55	손익계정을 연동입금으로 처리한다.
44	어음 교환사무를 아시카가 BS로 전면 이관한다.	56	예금이자세를 온라인화한다.
45	출납 관리자의 역할과 사무를 명확히 한다.	57	보존서류 철하는 작업을 간소화한다.
46	입금대 한 개분을 확대한다.	58	문서환 불입표의 날짜, 종목 기입을 생략한다.
47	산하 금융기간의 동거 예금을 검토	59	지구센터의 RO수신기 한 대를 본점간 전용으로 사용
48	출장소 계정을 따로 계산한다.	60	문서불입에서 본인의 말을 확인하기 위한 단말기 조작을 생략
49	기계방출 현금의 재감 처리	61	종합불입의 본부집중 처리를 촉진
50	금전출납계의 정산시스템 수납	62	전화를 통한 입금확인에 의한 효율화
51	이동출장소의 역할을 재확인한다.	63	등록불입제도의 활용을 촉진한다.
52	영업실을 금고화한다.	64	배치를 바꿔 이동거리를 줄인다.

(※ 60~64는 지구센터의 개선 항목)

② 모델점에 실험 실시

가. 발족대회

시작부터 기운을 돋구고자 담당 관리자를 비롯해 본점 영업

부, 사무관리부 등 관계자 전원이 모여 발족대회를 성대하게
치렀다.

나. 항목별 일정표 작성

본점 영업부에서는 항목마다 실시 책임자(정-부관리자, 부-계
장급)을 정하고 일정표를 꼼꼼히 만들어 언제라도 실시상황
을 검토할 수 있도록 유도했다.

다. 진척상황 확인과 검토

2개월에 한 번, 사무관리부가 직접 영업부에 나가 진척상황
을 점검하고 진척이 늦어지는 항목이 있으면 책임자와 상의
해 적극 조언했다.

라. 본부 개선책의 추진

개선책 64개 항목 가운데 규칙 개정, 시스템 변경 등 본부 쪽
에서 해야 할 일이 있으면 신속히 처리했다.

③ 전 영업점 실시

6개월 뒤 본부 영업점의 중간 결과를 검토하고 일부 개선하여
드디어 87년 4월부터 전 영업점 실시에 들어갔다.

가. '셰이프업 작전'의 목적, 방법 및 목표 제시

비디오, 전용통지서, 또는 지점장 회의나 사무관리 주관자
회의를 통해 '지금 왜 셰이프 업 작전을 벌여야 하는가' 등
작전의 목적과 취지를 교육했다.

나. 현지 지도

작전의 취지를 철저히 이해시키기 위해 사무관리부장을 위
시해 지원반 전원이 현장지도를 거듭했다. 특히 대형 점포에
는 몇 번씩 찾아가 상담활동을 벌였다.

다. 개선필수 항목과 각 점포의 독자 항목 선정

영업점 전체가 꼭 개선해야 할 항목으로는 호환성 향상, 자동응답기 이용률의 향상, 통장식 정기예금의 취급률 향상, CD·ATM 이용 향상 등을 제시하여 우선 친근한 주제부터 시작하도록 했다.

그 뒤 점포마다 자유로이 독자적인 개선 주제를 선정하게 하였으며, 의욕이 약하거나 개선책이 적게 나온 점포는 재검토를 요청했다.

라. 사후 확인과 활성화

전체가 대상인 만큼 한 곳이라도 소극적이면 전체가 활성화되지 못한다. 그래서 아래 방법으로 과정을 철저히 추적하여 계속 의욕을 북돋았다.

• 비디오 세미나 : 매달 1, 2회 꼴로 본점의 사례와 높은 성과를 거두고 있는 점포를 소개했다.

• 전용통지서 작성 : 색깔 있는 종이로 전용통지서를 만들어 개선사례, 중간 실적을 자세히 소개했다. 또 칼라 인쇄기를 사용하여 사람들에게 읽고 싶은 마음이 생기도록 유도했다.

• 카세트 테이프 세미나 : 시의적절하고 짤막한 주제를 다루며 지도대상을 계층에서 개인까지 아주 구체적으로 선정할 수 있고 알맞은 시간과 장소에서 자유롭게 들을 수 있다는 장점이 있다. 세미나 가운데 사무관리 주관자에 대한 지도, 창구 담당자에 대한 사고방지책 지도 등의 내용은 영업점에서 호평을 받아 테이프를 계속 보관하고 싶다는 주문도 이어졌다.

〈표 2-5〉 영업점 사무항목 진단표

(○○지점)

규모

그룹별	B그룹	총인원 내역	직원 31명	총예금	400억 엔(PH10)
총인원(88/3현재)	46명	(88/3 현재) 준직원 9명		대출금	300억 엔(PH8)
		남자 22명	시간제근무 6명	영업순익	260백만 엔
그 가운데 내부인원	32명	여자 24명	기타 0명	경상이익	200백만 엔

업적평가

항목	득점	항목순위	그룹순위		항목	수치	평균
예금	13.00점	4위		점포평가	사무항목(기준 8점이상)	득점 8.10점	6.92점
융자	17.71	3	14개점 가운데 4위		사무사고(87/하반기)	건수 3건	
사무	7.60	4			검사성적(88/3 현재)	득점 77.10	76.93점
인사	595	4		순위	사무항목	B그룹 14개점 중 4위	점포수상회수
수익	20.27	5			검사성적	20위	86년하반기 1회
합계	64.97	4위					

효율화상황·평가 (효율화상황·평가는 ◎○△×↑↓표시)

항목	88/3 취급률	88/3 그룹평균	88/3 전점평균	평가배점	87/3 취급점	연간증가율	그룹연간증가	전점포연간증가	평가추이배점
① 전신환 자동 입금율	96.2%	95.4%	95.2%	◎5	95.2%	1.0%	0.8%	1.0%	◎↑5
② 불입의 센터 집중율	37.3	57.1	55.2	×2	46.8	9.5	13.7	6.95.6	×↓2
③ 통장식 정기예금 취급율	72.3	58.0	57.6	◎5	71.5	0.8	—	2.7	×↓2
④ 積定·定積 口振率	58.1	51.8	45.5	◎5	55.1	3.0	3.1	3.4	○→4
⑤ CD·AT 이용율	80.0	80.7	80.1	○4	77.5	2.5	2.1	4.8	△→3
⑥ AT 입금율	75.6	73.9	71.9	◎5	72.3	3.3	1.6	4.5	△→3
⑦ 계속정기예금 취급율	59.9	56.1	57.8	◎5	56.97	3.0	4.8		△↓33
⑧ 자동응답기 이용율	76.3	74.0	68.4	◎5	9.3	67.0	31.3	29.2	◎↑5
⑨ 어음대출 이자 분할징수율	33.1	31.0	24.9	◎5	2.3	30.8	18.8	15.0	◎↑5
⑩ 예금담보대출 건수 비율	22.9	14.9	19.0	×2	22.5	0.4	0.5	0.3	△→3

득점	취급율43점	증가율35점	합계78점

기타항목

항목	87하반기	87상반기	2기평균
집중사무성적	A	B	A
시간내 마감률 (전점 순위)	92.0%	92.9%	92.5%
제안건수	35위	(41위)	—
(그 가운데	15건	23건	—
수상건수)	(5건)	(5건)	—

사무량관계

항목	①87/11	②87/11	①순위
내부 인원	32.7명	30.6명	—
(검산 인원)	(31.6″)	(30.4″)	—
(검산인원 비)	(1.1″)	(0.2″)	—
사무효율 지수	97.5	108.4	46위
센터처리율	43.1%	32.4%	—
시간외 근무 1인당	시간당58분	6시간0분	—
내방객	1,239명	1,204명	21위

사무관리부

사무사고상황 · 평가는 최근 2期 동안을 기준으로 ◎○△× 로, 경향은 2년 동안을↑→↓로 표시	발생건수	항 목	61/상	61/하	62/상	62/하	2期 합계	평가 · 경향
		출납사고	0건	0건	0건	0건	0건	◎ ↑
		계좌착오	0건	0건	1	0	1	○ →
		기 타	0	1	1	1	2	× ↓
		합 계	0건	1건	2건	1건	3건	× ↓

2期 합계 사고내용	이자착오(정장 결재 2건)	본부결재내역
장기간 무사고 표창		출납 무사고 4년(63/5)

효율항목(6개 항목) 취급률 비교(88/3 실적)

―――― 지점 실적
‥‥‥‥‥ 그룹 평균
―――― 전점 평균

② 불입의 센터 집중
③ 통장식 정기예금
⑩ 예금 담보 대출
⑤ CD, AT
⑨ 어음 대출 이자 분할
⑧ 자동응답기

효율상황 (종합득점 78점)

사고상황 (종합평가 ×)

진단결과	효율화항목	취급률은 높지만 연간 증가율은 평균적입니다. 올라간 항목은 자동응답기 이용률, 어음대출 분할 징수율입니다.	기타사고	사무사고가 증가경향을 보입니다. 더욱 주의해 주십시오.

④ 성과

1년에 걸친 성과는 기대만큼 만족스러웠다.

아래에서 예시한 성과는 표면적인 것이고 그밖에도 의식 개혁, 고객 서비스 향상, 본부와 영업점의 일체화 등 생각지 못한 파급 효과를 충분히 거두었다.

가. 모델점(본부 영업부)

64개 항목을 검토한 결과 몇 가지를 제외하고 모두 실시하기로 했다. 그 효과는 보유자금 압축, 인건비 삭감 등 경비절감이 연간 4천9백만 엔이며 정행원 13명을 감원했다.

나. 전체

사무성적 향상운동 22명, 본부 집중화 관련 29명, 배치(layout) 개선 11명, 기타 효율화 운동 12명, 영업점의 독자적인 효율화 31명 등 직접 효과만으로 105명에 이르는 인력을 절감할 수 있었다. 또 시간내(時間內) 대조를 달성함으로써 조기 퇴근을 정착시켰고, 그 결과 시간외 근무가 단축되는 등 간접효과도 컸다.

세이프업 운동 또한 일회용 행사로 끝나지 않고 성과가 유지되어야 의의가 있다. 따라서 올해도 보조작전으로 '업(Up) 88작전'을 펼쳐 의식의 고양과 수준 향상을 꾀하고 있다.

제3장

프로젝트 관리방식

- 아치21활동의 추진방법 -

1. 아치21활동의 과제

1) 해결해야 할 과제

1990년 1월 5일, 드디어 제 3차 온라인 시스템(역주: 일본 은행 업무의 온라인화 3단계를 뜻함. 1차는 60년대 중반의 예금·국내환의 종목별 온라인, 2차는 70년대 중반의 대출·외환을 비롯한 전종목 종합 온라인, 3차는 계정계의 고객거래 처리뿐 아니라 고객정보 관리 등 종합적인 네트워크화)이 가동되었다. 1985년 초부터 무려 5년 동안 총지휘관으로 프로젝트(아치21활동(ARCH-21))를 추진해 온 나에게는 정말 감동적인 순간이었다.

은행의 컴퓨터 시스템은 천문학적인 숫자의 고객들을 대상으로 수많은 영업점에서 이뤄지는 다양한 거래를 일원적으로 처리하는 구조이므로 다른 예를 찾기 어려울 만큼 복잡하다. 또 컴퓨터를 사용하려면 시스템을 설계하는 일 외에도 원활한 운영체제를 만들어야 한다는 아주 까다로운 과제를 해결해야 한다.

이 장에서는 활성화된 집단 만들기를 기본 주제로 아치21활동 프로젝트를 관리해 본 실제 경험을 소개하는 데 중점을 두기로 한다. 따라서 시스템 설계보다 어떻게 운영체제를 만들었는지 자세히 이야기 하겠다.

새로운 컴퓨터 시스템을 만드는 일도 많은 사람들이 팀을 구성해 공동으로 작업하는 대규모 프로젝트임에는 틀림없다. 하지만 이를 순조롭게 가동하기 위해서는 몇천 명이라는 아마추어 집단을 동원하여 단기간 동안 운영체제를 만들어내야 한다는 더욱 어려운 과제가 기다리고 있었다. 오퍼레이터를 연수 시키고 지침서를 정비하면 끝나는 간단한 일이 아니다. 지점장 이하 전원이 자진해서 새로운 업무에 달라붙어 기능을 닦지 않으면 안되는 일이었다. 방법은 단 하나, 집단의 힘을 결집하는 것뿐이다. 말 그대로 사람을 활성화시켜야 한다는 뜻이다.

다양한 사고방식과 가치관을 지닌 집단을 하나의 방향으로 결집시키고 나아가 한 사람 한 사람의 의욕을 북돋아 주어야 한다. 이것은 이 책의 주제인 의욕적이고 활성화된 집단 만들기에 관한 장대한 실험이라고도 할 수 있을 것이다.

2) 활성화의 전제조건

① 대폭 바뀌는 사무처리와 오퍼레이션

제일 먼저 미쓰비시 은행에서 만든 계정계 시스템의 패키지 소프트웨어를 구입하여, 그것을 토대로 새로운 컴퓨터 시스템을 만들기로 했다. 지방 은행에서 그만한 대형 소프트웨어를 사용한 예는 어디에도 없었다. 그렇게 결단 내린 이유는 간단했다. 첫째, 미쓰비시 은행 개발인력의 20~30%로도 시스템을 변경, 활용할 수 있기 때문에 개발비를 대폭 절감 할 수 있다. 둘째, 원래 사무처리 체계를 먼저 정리, 간소화한 뒤 거기에 맞춰 시스템을 설계하는 것이 정석이지만 우리 은행은 처음부터 1차, 2차로 나눠 체계대로 정비할 여유없이 되는대로 진행해 왔기 때문에 뜯어맞춘 듯한 부분이 많았다. 그런데 막상 사무체계를 정비, 재구축하자니 막대한 시간과 코스트가 투자되어야 할 뿐 아니라 물리적으로도 불가능했다. 하지만 미쓰비시의 패키지를 도입하면 정비된 사무체계를 그대로 활용할 수 있어 재구축 코스트를 생략할 수 있다.

그렇지만 다른 은행에 맞게 설계된 패키지를 도입함으로 사무처리 방식도 그에 맞춰 대폭 바꾸어야 했다. 도입 효과를 높이고 도입 시스템의 변경(Customize)을 최소화(신규개발을 포함, 30%)하려니 종래 사무처리 방식의 수정만으로는 불가능했기 때문이다.

한 예로 약 300곳의 영업점에서 사용하는 단말기만도 1,200대에 이르렀기 때문에 새 운용법을 교육하는 일조차 쉽지 않았다. 더구나 사무처리 체계 자체가 크게 바뀌므로 순조로운 운영을 위해서는 담당자는 물론 지점장 등 관리자에 이르기까지 단순한 키 조작법 정도가 아니라 새로운 사무처리 방식을 배워야 했다.

게다가 시간도 없었다. 소수의 본부 직원들로 시스템을 가동하기 약 반년전까지는 운영체계를 완성해 놓아야 했다. 정말 어떻게 하면 좋을지 막막하기만 했다.

② 전점 전종목 동시가동

컴퓨터 시스템을 변경할 때는 리스크를 줄이기 위해 부분적, 단계적으로 가동하는 것이 일반적이지만, 그렇게 하면 일정 기간 두 개의 시스템을 병행하지 않을 수 없어 이중투자라는 커다란 부담이 생긴다.

리스크만 극복한다면 전점(全店) 전종목(全種目) 동시가동이 가장 좋은 방법이다. 그래서 거의 전례가 없는 동시가동에 도전하기로 했다. 하시모토(橋本) 시스템 부장의 말에 따르면 "하늘을 날고 있는 제트기에서 다른 제트기로 옮겨 타는 어려움"에 도전한 셈이다.

부분만 가동하면 적은 본부 직원을 효율적으로 집중 활용할 수

있지만 이제 한정된 인원으로 전 은행을 동시에 같은 수준으로
끌어올려야 했다. 어려움은 거기에서 그치지 않았다. 영업점에서
는 컴퓨터 시스템 자체는 우리가 알 바 아니니 본부 연수에 오퍼
레이터를 보내기만 하면 된다거나 다른 사람이 하면 된다는 식으
로 생각하고 있었다.

　나는 절망적인 기분에 빠져 몹시 괴로웠다. 과연 이러한 상황
에서 6개월이라는 짧은 기간에 업무 운영체제를 만들어낼 수 있
을까?

　고민 끝에 영업점의 자율운영 외에는 해결방법이 없다는 결론
을 내렸다. 요컨대 영업점마다 운영체계의 정착을 자기 프로젝트
로 받아들여 나름대로 목표를 세우고 추진체제를 정비하여 자율
적으로 운영하는 것이다. 본부는 각 점포의 자율운영을 지원하고
동시에 전 은행의 진척상황, 품질향상을 종합적으로 관리하며 적
절한 사후대책을 세운다.

③ 새 시스템 정착방법 모색

　영업점 자율운영에 중점을 두면 새로운 시스템을 조기에 정착
시킬 수 있을 뿐만 아니라 나아가 다음과 같은 귀중한 경영 노하
우를 축적할 수 있다는 판단이 들었다.

　지금은 고객 기호의 다양화, 입지조건에 따른 점포의 질 차이,
환경변화에 대한 탄력적 대응 등이 필요한 때이다. 종래의 본부
주도에 따른 획일적 운영으로는 이러한 시대의 요구에 부응할 수
없으므로 각 영업점들의 독립적인 자율운영이 기필코 확립되어야
한다.

　사실 영업점 자율경영을 부르짖은 지는 오래되었다. 그러나 오

랫동안 본부 주도방식으로 운영되어온 관습을 변화시키기 어려웠을 뿐더러 자율경영이 어떤 것인지도 분명치 않았기 때문에 단순히 슬로건으로 끝나는 경향이 있었다.

그래서 아치21활동으로 자율경영을 경험해 보면 앞으로도 크게 도움이 될 것이라고 보았다.

또한 기계화가 진전됨에 따라 중간 관리직(담당 관리자)의 권한이 공동화되는 현상이 생겼다. 부하들이 운영방식을 더 잘 알고 오히려 관리자들이 업무를 파악하지 못하기 때문에 관리자 본연의 점검 기능을 제대로 할 수 없게 된 것이다.

이러한 상황에서 업무 방식이 전면적으로 뒤바뀌고 전원이 같은 시점에서 출발해 배워야 한다는 조건은 생각하지도 못한 절호의 기회였다. 관리자들은 예외관리와 점검 사항을 공부함으로써 점검 기능이라는 본연의 역할을 다시 되찾을 수 있었다.

이와 같은 관점에서 아치21활동의 중점은 단순한 시스템 이행뿐 아니라 한 단계 높여 영업점들이 자율운영에 관한 경영 노하우를 습득하고 담당 관리자들이 본연의 기능을 되찾는다는 경영 과제 해결에까지 두었다. 그러나 여기에는 몇 가지 전제조건이 필요했다.

첫째, 영업점장이 자율운영을 확실히 인식하는 것이 무엇보다 필수적이다. 리더가 자진해서 의욕을 가지고 적극 움직이지 않으면 활동은 아예 시작할 수도 없다.

둘째, 자기 점포의 추진방향을 분명히 알아야 한다. 구체적인 해결방식을 알지 못하면 열의가 있어도 실효를 거두지 못하는 법이다.

셋째, 프로젝트를 추진할 때는 전원의 에너지를 결집해야 한다. 전원의 의욕을 북돋아 자진해서 참가하고 협력하는 분위기를 만들어야 한다.

우리 은행은 이미 조직활성화를 목표로 NAC활동과 F100작전을 펼쳐왔다. 이제 아치21활동은 이들 활성화 시책이 얼마나 보급, 정착되었는지 알아볼 수 있는 시금석이자, 그것을 토대로 해야만 성공한다는 의미에서 여러 시책의 집대성이라는 의미를 가지고 있었다.

2. 아치21활동의 개요

1) 아치 21활동의 특징

새 시스템 '아치21'은 미쓰비시 은행의 소프트웨어를 기본으로 도시은행의 뛰어난 시스템 설계와 우리 지방은행의 뛰어난 업무 노하우를 종합하여 만든 것으로 다음과 같은 고급 기능을 가지고 있다. 이는 업계 최고 수준의 본격적인 온라인 시스템이라고 할 수 있다.

- 부품화, 점포 분할, 노다운(no-down) 시스템 등 구조면에서 뛰어나다.
- 정기성 네트 취급, 슈퍼 예금(Super Free Plan), 스윙 등 신상품 기능을 포함하고 있다.
- 선일자(先日字) 처리, 연동처리, 계정결산 시스템 등 합리화에 대응하는 기능이다.

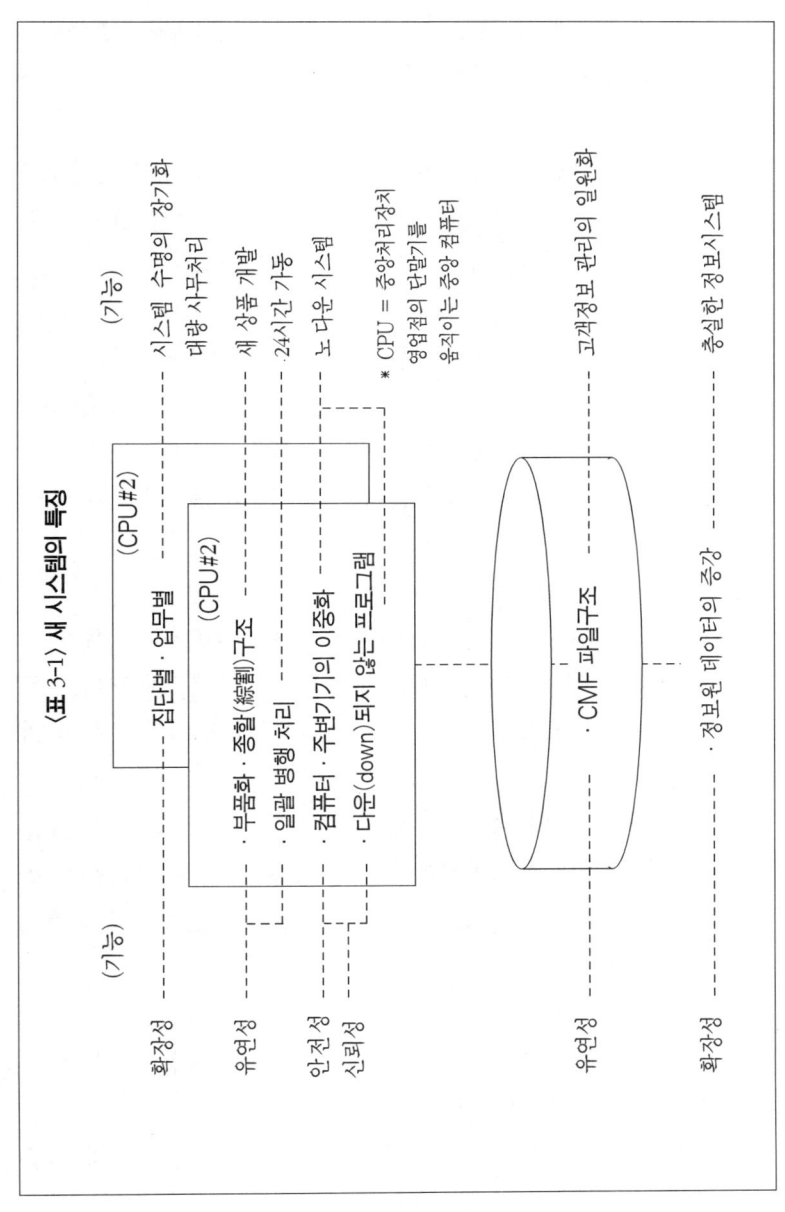

〈표 3-1〉 새 시스템의 특징

(기능)

확장성 ┄┄ · 집단별 · 업무별
　　　　　　　　　(CPU#2)

유연성 ┄┄ · 부품화 · 종할(綜割) 구조
　　　　　　 · 일괄 병행 처리
　　　　　　 　　　(CPU#2)

안전성 ┄┄ · 컴퓨터 · 주변기기의 이중화

신뢰성 ┄┄ · 다운(down) 되지 않는 프로그램

(기능)

┄┄ 시스템 수명의 장기화
　　　 대량 사무처리

┄┄ 새 상품 개발

┄┄ 24시간 가동

┄┄ 노 다운 시스템

　　※ CPU = 중앙처리장치
　　　 영업점의 단말기를
　　　 움직이는 중앙 컴퓨터

유연성 ┄┄ · CMF 파일구조 ┄┄ 고객정보 관리의 일원화

화장성 ┄┄ · 정보원 데이터의 증가 ┄┄ 충실한 정보시스템

　시스템 구조면에서는 IBM의 최신, 최고 기종(IBM3090-200E)
과 기술(IMS/SAIL)을 도입하였다.

① 부품화, 종적 구조

　　특히 프로그램 체계에 부품화(Unit) 구조를 집어넣어 새로운
　　상품 개발이나 시스템을 변경할 때 기존 부품을 활용할 수
　　있게 함으로써 시스템의 유연성을 확보하였다.

② 집단별, 업무별 분할

　　점포가 커져도 소프트웨어를 바꾸지 않고 복수 컴퓨터를 사
　　용하여 점포를 집단으로 나누어 처리할 수 있고 신규 업무가
　　생겨도 한 대 또는 복수의 컴퓨터로 해결할 수 있다. 처리능
　　력 및 신상품 개발의 충격을 흡수할 수 있는 확장성이 커서
　　반영구적으로 사용할 수 있다.

③ 일괄처리(On Batch)업무의 병행

　　온라인 가운데 센터 컷(Center Cut), 환원자료 작성 등 업무
　　마감 후의 일괄작업을 병행처리할 수 있도록 독립시킴으로
　　써 온라인 서비스 시간을 연장했고 나아가 24시간 온라인 가
　　동도 가능해졌다.

④ 정보(Source) 데이타의 증강

　　갖가지 종류의 산더미같은 고객정보 등 각종 데이타를 보관
　　하고 기호에 따라 정보를 뽑아낼 수 있어 정보시스템이 충실
　　해졌다.

⑤ CMF 파일구조

　　고객마다 CMF번호를 붙여 고객정보를 일원화시켜 관리한다.

⑥ 컴퓨터, 주변기기의 이중화

　　하드웨어 면에서는 중앙 컴퓨터의 이중화, 통신회선의 이중

화 및 복선화, 주변기기의 이중화 등이 이루어지고 소프트웨
어 면에서는 핫 스탠바이(Hot Standby) 시스템에 의해 노다
운 시스템을 실현함으로써 신뢰성과 안전성이 향상되었다.

⑦ 봉인기(통지장 봉인기)

낱장 봉인방식에서 복수 봉인기(3매)를 도입하여 우편료를
절약하고 선전물 봉입(2매)기능으로 시의적절한 광고선전도
가능해졌다.

■ 새 시스템의 규모

- 프로그램 명령어

  프로그램 수   약 20,000 개

  (내역)

  ┌ 패키지(구입분) 14,000 개

  ├ 변경 프로그램(customize) 3,000 개

    (구입분을 자체용으로 조정한 것)

  └ 신규 개발 3,000개

  프로그램 명령어 수   약 550만 개

  (내역)

  ┌ 예금환 350만 개

  └ 대부외환 200만 개

• 개발비, 시간, 인원

　총개발비용　　　약 250억 엔

　개발기간　약 4년 반(1986년~90년)

　개발 연인원　　　약 7,000 명. 최절정 때에는 월 230명

　　　　(당행 60명, 파트너 170명)

이는 도시은행과 비교해 절반의 개발비와 적은 인원(도시은행은 2만~3만)으로 같은 수준의 시스템을 만들어낸 것으로 절감효과가 아주 컸다.

또 도입효과를 높이기 위해 변경은 최소한으로 줄였다. 따라서 변경이 필요할 때는 단순히 신구 시스템을 비교해 어느 쪽이 낫다는 식이 아니라 변경에 들어가는 코스트와 기대되는 효과에 따라(투자〈효과) 판단하는 규정을 엄수하게 했다. 그리고 중요한 사항을 변경할 때에는 담당 직원들끼리 결정하지 말고 총지휘관인 나의 결재를 받도록 했다.

새 시스템의 이행이 첫째이고 수정은 뒷날로 미룬다는 것이 원칙이었다. 이같이 소프트 패키지를 이용할 때는 변경을 최소로 줄이려는 자세가 무엇보다 중요하다고 하겠다.

2) 이행작업의 개요

아치21활동의 가장 중점과제는 영업점의 시스템을 새 것으로 바꾸는 작업이었는 데 앞서 말한 대로 현장 중심의 영업점 자율경영를 축으로 하려 했기 때문에 그에 따른 구체적인 시책도 필

요했다.

그래서 첫째, 영업점장의 의식 강화와 둘째, 계획적인 자율운영 시책의 보급과 셋째, 전원참가 분위기의 활성화 등을 차례로 벌여 나갔다. 그 개요를 시차별로 종합하면 다음과 같다.

■ 사전 PR

이행작업에 들어가기에 앞서 89년 10월 부점장회의를 열어 시스템 도입의 목적과 추진방침을 설명하였다.

차기 시스템 도입의 목적과 추진방침

1. 차기 시스템 도입의 목적

(1) 차기 시스템이란

계정계, 정보계, 대외계, 영업점 시스템 등 상호독립된 시스템을 유기적으로 결합한 종합 전략 시스템입니다.

(2) 도입 목적

① 현행 시스템의 수명 : 이미 현행 시스템의 능력이 한계에 이르렀기 때문에 91년에 닥쳐올 어려운 상황에 적절히 대처하지 못할 우려가 있습니다. 그러므로 차기 계정계 시스템을 조기에 구축할 필요가 있습니다.

② 금리자유화에 대한 대응 : 앞으로 빠르게 진전될 금융자율화에 대응할 수 있는 시스템을 효율적으로 개발하기 위해서는 선진적인 도시은행의 새 계정계 시스템을 구입하는 것이 타당하다고 결론지었습니다.

③ 정보계 시스템의 기반 정비 : 앞으로 은행 경영은 정보계 시스템이 좌우할 것입니다. 따라서 정보계 시스템을 정비, 확충하기 위한 기반정비(인프라 구축) 작업으로 하루바삐 새 계정계 시스템을 구축해야 했습니다.

(3) 구축 방법

① 계정계 시스템의 소프트웨어는 미쓰비시 은행에서 구입합니다.

• 시스템 개발비용을 최소한으로 줄일 수 있습니다.

② 계정계 시스템을 가동시키는 중앙 컴퓨터를 IBM 기종으로 바꿉니다.

• 내구성, 확장성, 유연성에서 뛰어납니다.

③ 단말기는 GPT를 씁니다.

• 이 단말기는 후지 은행에서도 쓰고 있습니다.

④ 정보계 시스템은 당행의 실정과 기호에 맞게 독자적으로 개발할 예정입니다.

• 정보계 시스템은 경영전략, 경영방침과 밀접히 연관되어 있으므로 미쓰비시 은행의 것을 쓰기 어려워 독자적으로 개발하려 합니다.

(4) 새 계정계 시스템의 특징

① 반영구적인 수명과 24시간 가동 기능 등 본격적인 제3차 온라인 시스템입니다.

• 지방은행으로서는 획기적인 시스템입니다.

② 대량처리 기능이 뛰어나 신상품 개발과 기능 첨가에도 유연하게 대응할 수 있습니다.

• 단, 이행단계에서는 부분적으로 기능이 저하될지도 모르지만 일단 시작한 뒤에 해결할 수 있습니다.

③ 법인거래 면에서는 고도의 시스템 기능을 가진 반면 중소기업이나 개인거래에서는 부족한 점도 나타납니다.

• 과도기에서는 부족한 부분을 수작업으로 상쇄시킬 수 있습니다.

④ 사람이 해야 할 일과 기계가 해야 할 일을 명확히 구분했습니다.

• 처음에는 사무가 늘어났다고 느껴질지도 모릅니다.

(5) 유의점

새 계정 시스템의 이행은 90년 1월에 전점 전종목 동시에 시행합니다.

2. 추진방침

(1) 기본방침

① 이행 준비의 성공 여부가 차기 시스템의 성패를 좌우합니다.

사무방식의 대변혁이자 영업점 전체가 순조롭게 이행하느냐의 문제이므로 차기 시스템에 대한 '지점장'의 이해와 담당자에 대한 적절한 지도가 필요합니다.

(2) 이행에 관한 본부의 지원, 교육 일정 (예정)

① 집합 연수 90년 2월 점장 연수

3월 차·과장 연수(사무, 운영 연수), 4월~ 담당자 연수

② 종합 테스트 90년 7월~10월, 일요일에 5회 정도 실시

③ 각행 연수 (구체적인 내용 학습): 사무처리 교육은 사전에 배부한 문제를 푸는 것으로 대신합니다. 단말기 조작은 업무 후 새 시스템에 접속하여 연습문제를 실행해 봅니다.

④ NAC활동의 활용 : 차기 시스템 이행을 공동 주제로 삼아 본부, 영업점이 연대하여 추진합니다.

(3) 기타

가능한 무리없이 정착할 수 있도록 현행 사무에서 바꿀 수 있는 부분은 차츰 바꿔감으로써 협력하여 주기 바랍니다.

3) 연수 개요

영업점 자율운영을 실현하려면 그 취지를 철저히 이해하는 것이 아주 중요하다. 그래서 연수를 주최하는 본부 스태프에도 다음과 같이 미리 연수 목적을 정리하여 상호 확인하였다.

부점장 연수회의 목적

제1, 2차 온라인 시스템을 추진할 때에는 한번도 전(全)부점장 연수를 개최하지 않았지만 이번에는 다음과 같은 이유로 부점장에 대한 연수가 필수적이라고 생각했습니다.

연수의 주목적은 부점장들에게 차기 시스템 이행의 필요성을 이해시키는 것이라고 판단해 이토 부은행장의 말씀을 본주제로 잡았습니다.

1. 각 계층별 연수의 목적
부점장 연수 : 이행에서 종합적 리더십을 발휘할 것
차,과장 연수 : 이행에서 각종 프로젝트 관리를 습득할 것
관리자, 담당자 : 차기 시스템의 사무 및 단말기 조작 습득

2. 이행 규모가 너무 크다는 점에 관해

예전의 경우가 항해 중인 배에서 다른 배로 옮겨 타는 것이었다면 이번 이행은 하늘을 날고 있는 점보기에서 콩코드기로 옮겨 탄다고 말할 정도의 거대한 속도와 규모가 요구되기 때문에 과거 경험은 거의 도움이 되지 않으리라고 봅니다.

따라서 이번 이행은 지점장 이하 전 행원이 하나가 되어 추진해야 합니다.

3. 다른 문화를 들여온다는 점에 관해

미쓰비시 은행의 패키지 소프트웨어를 이용하기 때문에 다른 문화에 적응하는 것이 이행의 전제조건입니다. 사용하기 쉽다는 면에서는 친숙한 현행 시스템이 좋다고 생각되기 마련입니다. 따라서 전체 점포로 하여금 더 넓은 시야에서 시스템 도입의 목적을 이해하게 하려면 지점장들을 우리 쪽으로 끌어들여야 합니다.

4. 순조로운 이행과 정착이 최우선 과제라는 점에 관해

차기 시스템을 순조롭게 정착시키려면 현행 시스템에 대응하는 갖가지 사무작업을 실시해야 합니다. 그러나 보통 10~15%의 점포들은 본부의 지시에 제대로 따르지 않는 것이 우리의 실정입니다. 앞으로 더욱 자세한 작업지시를 내리겠습니다만 전체가 같은 수준으로 준비작업을 해나가지 않으면 순조로운 이행은 기대할 수 없다는 사실을 명심해 주십시오.

■ 점장 연수

점장에 대해서는 자율운영의 필요성을 철저히 인식시키는 것이 중요한 과제였기 때문에 90년 2월~4월 사이에 3회에 걸쳐 전체 점장회의를 열고 다음과 같은 취지를 적극 설명하였다.

또 점장 자신의 의식변혁이 목적이기 때문에 대리출석은 인정하지 않았고 어쩔 수 없이 빠져야 하는 경우에는 이후 다시 회의를 열어 보충했다.

점장 연수의 요지

1. 목적
(1) 이행작업의 중대성 인식
'전점 전종목 동시 이행'으로 사무환경이 일변하는 대변혁
완전히 바뀌는 것 : 장부 전표류, 사무절차, 단말기 조작, 환
원자료 등
(2) 원활한 이행을 위한 지도력 발휘
순조롭게 정착시키려면 본점과 지점이 하나로 뭉쳐 정성껏 사전준비를 할 것과 영업점의 의욕적인 자세가 중요. 또 이행 추진 관리자와 손잡고 강력한 종합적 리더십을 갖출 것

2. 주요 내용
(1) 차기 시스템의 특징
미쓰비시 은행의 소프트웨어를 도입하여 코스트를 낮추었으며, 여러 가지 고도 기능을 갖추고 있음

(2) 전점 전종목 동시이행 (11월 5일 시작)

단계적 이행은 불가능. 연휴가 끝나면 일제히 시행

(3) 영업점이 해야 할 주요 사전준비

집합 연수, 자체 연습, 종합 테스트(리허설)

이행 전후의 특수한 문제 처리

(4) 지점장의 역할

인원관리 : 연수, 테스트(휴일근무) 등에 대한 원활한 대응

새 단말기 조작 등에 관한 행원의 기능 향상 촉진 및 관리

진척도 관리 : 자기 점포의 이행 진척도 관리

최종 확인은 '이행작업 진척 점검표'(이후 배부)를 사용할 것

프로젝트를 완성하기 위한 지점장의 역할

1. 전원의 합의를 이끌어낸다(하고자 하는 분위기 조성)
- 필요성 : 새로운 시대에 대응
- 시스템 장비의 우수성(종합력 1위)
- 점포 단위에서의 대응과 그 필요성 : 업무처리 방식이 바뀐다. 전원이 새로운 방식을 습득하지 않으면 점포 운영 자체가 멈춰버린다. 이를 계기로 업무처리 수준을 끌어올린다.

2. 목표를 명시하고 확인한다

전원이 새로운 방식을 완전히 습득한다.

> 3. 목표에 도달하기 위한 구체적 일정을 세워 실행한다.
> 연수, 학습회 등.
>
> 4. 목표 달성을 위해 진척상황을 추적하여 시의적절한 대책을
>   강구한다.
>   - 격차를 없앤다(뒤쳐진 부분을 끌어올린다)
>   - 성과를 확인한다(과정이 아니라 결과가 중요)
>   - 담당자에게 내맡기지 않고 철저히 확인한다

■ 이행추진 관리자 연수

자율운영으로 시스템 이행을 추진하기 위해서는 먼저 점장에게 '해야만 한다'는 인식을 철저히 깨우칠 필요가 있으며, 다음 단계에서는 '어떻게 하면 될까'라는 대책을 가르쳐야 한다. 그래서 모든 점포에서 차·과장급으로 이행추진 관리자를 선정하여 추진의 중심역할을 맡기기로 했다.

이행추진 관리자에게는 구체안을 세워 추진할 것을 역할로 주었다. 또 전점포 및 지구별 연수회를 열어 이행의 취지를 철저히 교육했다. 그리고 이행작업을 순조롭게 하기 위해 사전에 정비해야 할 사항을 미리 캠페인 하였다.

① 기본 사무를 확실히 처리한다.

② 고객 대기시간을 단축한다(시스템화 할 수 없는 손작업에서 시간이 걸리는 부분을 재검토한다).

③ 시간내 마감을 가능하게 한다.

④ 정리정돈 운동(새 용지나 전표류를 여유있게 확보하는 등 이를

계기로 정리정돈을 병행한다).

⑤ 계기 및 비품 재조사(위와 동일).

이행추진 관리자에게 바람

1. 이행추진 관리자의 역할 인식

이렇게 거대한 프로젝트를 완성하려면 전체 계획을 중심에 놓고 추진 상황을 관리하는 리더가 있어야 한다. 이행의 성공 여부는 오로지 이행추진 관리자의 활동에 달려 있다.

2. 프로젝트 추진의 목표

(1) 새 시스템으로 순조롭게 이행할 수 있도록 자기 점포의 기반을 정비한다

　오퍼레이터의 사무처리 능력 향상

　사무처리 수준의 향상. 신속, 정확 등 고객 서비스 체제의 정비

(2) 담당 관리자의 관리능력을 높인다.

　점검 사항의 정확한 파악

　예외관리 능력을 확실히 습득(능력향상의 기회)

(3) 각 계층의 리더십 능력을 끌어올린다

　시간 관리

　사람의 적정 배분(임기응변의 지휘 능력)

3. 관리자의 구체적인 직무

(1) 구체적인 이행준비 일정을 잡고 철저히 주지시킨다.(합의 형성)

　　대형 점포에서는 과별로 책임자를 두어 진행한다. 단, 그 경우에도 관리자가 책임지고 총괄한다.

(2) 일정대로 추진한다

　　실행, 진전 상황을 항상파악

　　대형 점포의 경우에는 (1)에 준한다.

(3) 문제점, 문제 파악과 기민한 대응

　　격차 해결(뒤처진 부분은 지원)

　　대리점, 출장소, 인원이 적은 점포에 대한 대응

　　시간제 근무에 대한 대응

　　휴가, 이벤트 등에 대한 대응

언제나 점포의 합의 형성과 사기 진작에 노력하고 (프로젝트를 축제 분위기에서 진행한다) 정확히 진행될 수 있도록 적극적으로 진척상황을 종합관리하기 바란다.

■ 담당자(관리자 포함) 연수

이 문제에 관해서는 담당자들을 일단 본부에 모아놓고 연수를 통해 새로운 사무와 운용절차를 적극 교육하였다.

연수 횟수는 총 160여 회 (기간 2~3일)였고 대상 연 4천5백 명이었다.

또 집합연수만으로는 충분치 않았기 때문에 각 점포에서 업무를 마친 뒤 영업점 단말기를 새 시스템의 중앙컴퓨터에 연결하여 교본에 따라 조작 연습하게 하였다.

각 점포의 자체 연습일 34회로 주2회씩 오후 7시 반부터 9시까지 이뤄졌다.

그밖에 8월부터 10월에 걸쳐 휴일을 이용하여 총 6번 종합테스트를 하였다. 이 때는 실제 전표를 사용하여 제한된 시간 안에 업무를 얼마나 처리할 수 있는지를 보았다. 이른바 본선에 대비한 리허설이라고나 할까. 차츰 양과 질을 올려 마지막 연습 때에는 지정한 특정일의 전체 업무를 영업시간 안에 처리할 수 있는지 시험했다.

이 종합테스트에서는 처리를 채 끝내지 못했거나 시제가 맞지 않는 상황 및 원인 등을 체크함으로써 시스템의 문제점 발견, 숙련도 차이, 시제 불일치를 규명하는 체제 확립 등 품질관리상의 과제를 찾아내 조기에 해결하고자 애썼다.

재미있는 것은 종합테스트에서 계정 결산이 순조롭게 진행된 곳보다 오히려 틀렸던 곳이 실제 시스템을 가동했을 때에는 업무를 잘 처리했다는 사실이다. 이는 어떤 경우에는 자진해 지시 이상의 업무를 실행해 봄으로써 비록 틀리기는 했으나 기능을 더 잘 이해할 수 있었다는 것, 그리고 틀린 곳이 많았기 때문에 오히려 그 원인 규명 체제를 정비할 수 있었다는 데 원인이 있었다.

형식적으로 대응하기보다 실패할지라도 스스로 나서서 적극 대응하는 자세가 얼마나 중요한지 알 수 있는 사례들이었다. 게다가 그러한 자세의 차이는 바로 점장들의 의식 차이에서 비롯될 것이었다.

한편 담당 관리자에게는 점검 기능을 높인다는 목표에 따라 자기 업무에 관한 점검사항 지침서를 작성하게 하였다. 지침서는 본부 스태프들이 작성하여 배포하는 편이 간단하고 예전에도 그

〈표 3-2〉 이행작업 점검사항표(매뉴얼 작성의 주제 : 예금, 내국환)

NO. 항목	5月	6月	7月
1 (공통) 센터 미처리 업무의 처리방법		6/25▷ ———	○7/20
2 (유동성 예금) 주의 안건의 설정 및 해제 처리방법			7/23▷
3 GPT에서 거부되는 거래의 처리방법			7/23▷ ——
4 (정기성 예금) 인감 · 통장 분실시 처리방법 사망 · 차압시 계속정지의 처리방법			7/23▷
5 통장 · 증서의 재발행 방법			7/23▷
6 (내국환) 지구센터 사무의 점검사항			7/23▷ ——
7 (유동성 예금) 당좌 예금의 예자금 부족 관리방법			7/23▷ ——

주) ① 본부 지시항목은 본부에서 작성하여 보낸다. 각점 개별 대응항목은 각 점이 건마다 기재하여 관리한다.
　② 이 표는 이행추진 관리자(正)가 직접 관리하고 매달의 작업은 이행추진 월차 관리표를 사용하여 담당 계가 관리한다.
　(시작한 날을 ▷, 처리기간을 —, 끝낸 날을 ○로 표시한다. 처리상황을 월 단위로 적의 기재한다.)

8月	9月	10月	준비		준비	
					지점장	추진관리자
○8/17				착수		
				완료		
— ○8/17				착수		
				완료		
— ○8/17				착수		
				완료		
— ○8/17				착수		
				완료		
— ○8/17				착수		
				완료		
— ○8/17				착수		
				완료		
8/20▷——○9/14				착수		
				완료		

주) ① 착수 · 완료 시기를 지점장과 이행추진 관리자가 이행한 뒤 검인한다.

② 미처분은 내버려 두지 말고 대응책을 강구한다.

이행작업 점검사항표 (매뉴얼 작성의 주제 : 예금, 내국환)

NO.	항 목	5月	6月	7月
8	(정기예금) 센터의 재형저축 관련 미처리 사항 의 처리방법			
9	종합계좌 연동의 처리방법			
10	(내국환) 불량환 처리의 점검사항			
11	(공통) 계산 대조 방법			
12				
13				
14				

주) ① 본부 지시항목은 본부에서 작성하여 보낸다. 각점 개별 대응항목은 각 점이 매건마다 기재하여 관리한다.
　　② 이 표는 이행추진 관리자(正)가 직접 관리하고 매달의 작업은 이행추진 월차 관리표를 사용하여 담
　　　당 계가 관리한다.(시작한 날을 ▷, 처리기간을 —, 끝낸 날을 ○로 표시한다. 처리상황을 월 단위로 적의
　　　기재한다.)

8月	9月	10月	준비		준비	
					지점장	추진관리자
8/20▷————○9/14				착수		
				완료		
8/20▷————○9/14				착수		
				완료		
8/20▷————○9/14				착수		
				완료		
				착수		
	9/17▷————○10/12			완료		
				착수		
				완료		
				착수		
				완료		
				착수		
				완료		

주) ① 착수 · 완료 시기를 지점장과 이행추진 관리자가 이행한 뒤 검인한다.

② 미처분은 내버려 두지 말고 대응책을 강구한다.

〈표 3-3〉 담당관리자의 매뉴얼 작성 상황 점검표 (현지보고)

月　　日

_____ 앞

사무관리부

담당_____

담당관리자	
담당업무	
테마	
진척률	약　　　%
현시점의 평가	A. 양호 B. 약간 뒤쳐지는 듯 C. 문제있음
특기사항	A. _____ B. _____ C. _____ D. _____ E. _____

부점장 지시사항

렇게 해왔지만 사실 거의 활용되지 않고 있었다. 아무리 뛰어난 지침서를 만들어 놓아도 활용되지 않아 성과를 올리지 못하면 아무 쓸모도 없다.

따라서 반드시 성과가 있어야 한다는 생각에서 굳이 담당 관리자들에게 만들어 보게 한 것이다. 또 지시만 해봤자 실제로 하지 않으면 아무 의미가 없다. 그래서 이행추진 관리자에게 지침서 작성 상황과 질을 관리하게 함과 동시에 본부 스태프들도 현장에 내려가 직접 점검함으로써 수준을 평준화하고자 노력했다.

결국 담당 관리자들의 지침서 작성은 그들의 기능을 끌어올리는 효과를 가져왔음이 판명되었다. 스스로 만들어 봄으로써 운영체제를 깊이 이해할 수 있었던 것이다.

4) 본부의 지원

① 현지 지도

담당부서인 사무관리부 스태프을 중심으로 시스템부와 그밖의 관련 부서의 스태프들이 함께 현지팀(지도반)을 편성하여 영업점의 진척 상황, 숙련도(품질 관리)를 파악하고 동시에 격차와 문제점을 찾아내 해결에 힘썼다.

매달, 그리고 필요할 때마다 나를 비롯해 지도반과 부장이 함께 프로젝트 관리회의를 열어 문제점 파악과 해결에 매달렸다. 무엇보다 격차를 해결하여 전체를 같은 수준으로 끌어올리는 것이 중요했기 때문에 뒤쳐진 부분을 집중지도 했다.

이것을 지시행정으로 이해해서는 안된다. 성과를 확실히 올리려면 항상 현상을 파악하고 문제점을 찾아내 조기 해결한다는 철저한 사후 확인과정이 필수적이다.

② 전화조회 센터의 설치

시스템 이행을 순조롭게 하기 위해 본부에 전화상담 센터를 두고 가동일(11월 5일)을 전후하여 집중적으로 이행작업을 지원하였다.

- 전화회선 141회선 증설 (전화 130대, 팩시밀리 11대)
- 직원

   ┌ 조언자 (전문가)   14명
   ├ 전화상담요원   100명
   ├ 총괄 담당자   4명
   └ 총괄   4명

(조직센타 조직도는 〈표 3-4〉 참조)

센터의 주업무는 영업점의 전화조회에 대응하는 것이었다. 문제해결 경험을 쌓기 위해 베테랑 조언자는 직접 전화를 받지 않고 뒤로 물러서 있으며 각 부문에서 임시로 모인 전화상담요원들이 조회사항에 회답하기로 했다. 그리고 조회사항을 집계·분석하여 공통적으로 이해가 부족한 항목, 문의가 많은 사항 등에 대해서는 다시 지시를 내려 함께 해결하고자 노력했다.

가동 뒤에는 각 점포의 결산보고를 팩시밀리로 받아 마감시각의 변화를 파악하고 문제를 개선함과 동시에 시제가 맞지 않는 점포에는 현장지원을 해주었다.

마감시각은 점점 빨라졌다. 그래도 전체 상황을 정기적으로 점검하여 항상 늦는 점포과 틀린 점이 많은 점포는 지점장에게 개선을 지시하였다. 조회센터의 적극적 활동은 본부와 영업점 사이

〈표 3-4〉 조회센터 조직도

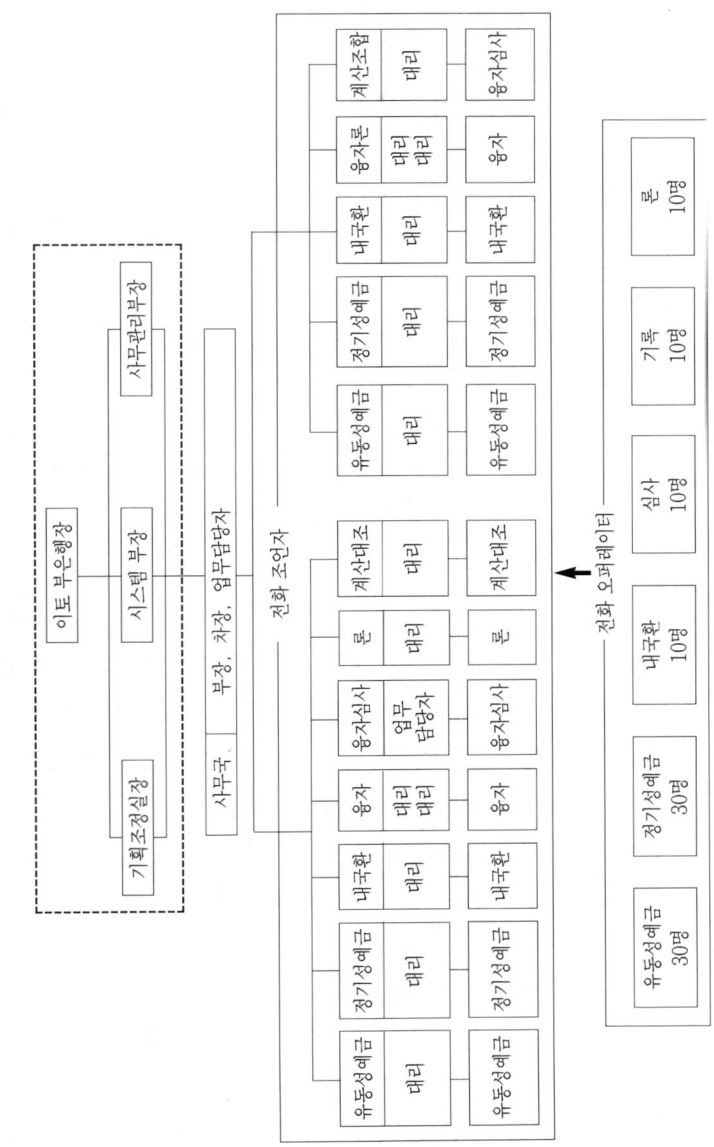

의 일체감 형성과 활성화에 큰 몫을 하였다.

5) 아치21활동 추진의 유의점

① 지점장 의식화 (자율운영의 과제 인식)

프로젝트 추진의 개요는 앞에서 말했지만 특히 유의할 점을 다시 한번 정리해 보자.

첫째, 영업점의 자율운영을 중점으로 활동에 성공하려면 영업점장이 취지를 이해하고 공감하는 것이 관건이다. 따라서 활동을 본부에 맡기지 말고 자기 점포의 운영과제로서 자주적, 적극적으로 받아들일 수 있도록 의식화시키는 데 총력을 기울였다.

먼저 아치21활동을 위한 특별 점장회의를 열어 이렇게 역설했다.

"새 시스템 도입의 목표를 잘 이해하고 전원의 합의를 이끌어내기 바란다. 자유화라는 새로운 시대 환경 아래에서 살아남기 위해서는 필수적으로 시스템 장비가 있어야 한다. 이번의 아치21활동이 완료되면 우리는 지방은행 제일의 뛰어난 시스템을 갖추게 된다. 그러나 새 시스템 도입으로 업무처리 방식이 크게 달라지기 때문에 전원이 새로운 방식을 습득하고자 노력하지 않으면 점포는 당장 멈춰버린다. 또 하나라도 뒤떨어지는 곳이 있으면 새 시스템을 가동시킬 수 없다.

가동을 미루면 그만큼 코스트가 불어나기 때문에 뒤쳐진 점포의 책임은 아주 크다. 점장 자신부터 이를 인식하고 우리 점포에서는 반드시 성공하고야 말겠다는 책임의식을 갖길 바란다. 동시에 전원이 자진해서 참가, 협력하여 진행할 수 있도록 직원들의 합의를 이끌어내는데 힘써주기 바란다."

② 목표관리방식으로 운영

미리 11월 5일이라는 가동일을 명시하여 발표하였다. 가동일을 안팎으로 공약함으로써 미룰 수 있는 여지를 주지 않으려 한 것이다.

프로젝트는 가동일을 표적으로 삼아 목표관리방식을 통해 활동을 추진하기 바란다. 그러기 위해서는 다음 사항이 필요하다.

- 목표를 명시하고 전원이 합의한다.

목표는 전원이 가동일까지 새로운 업무 처리 방식을 습득하는 것이다.

- 계획적으로 추진한다.

목표달성 계획과 일정을 구체적으로 세워 추진한다. 연수, 학습회, 자체 연습, 테스트 등 일정에 따라 계획적으로 추진할 수 있도록 종합적으로 관리하기 바란다.

- 진행상황을 추적, 확인한다.

부하들에게 일임하지 말고 진척 상황을 적시에 파악하여 격차를 없애며, 뒤처진 일정과 기능을 파악하여 문제를 조기에 해결하도록 적절히 배려하기 바란다. 특히 형식적인 확인이 되지 않도록 성과가 나올 때까지 철저하게 파고 든다.

이렇게 프로젝트를 자율운영 방식으로 추진할 때는 무엇보다 현장 책임자인 점장 자신이 그 일을 자기 문제로 받아들여야 한다. 그렇지만 점장들을 한꺼번에 의식화시키기란 몹시 어려운 일이자 가장 힘든 작업이다.

우리 은행은 아치21활동을 90년도 최대의 경영과제로 잡아 활

발한 캠페인을 벌였다. 활동 기간 내에는 인사이동과 영업점 점
검을 중단하면서까지 온 힘을 쏟아 부었다.

나는 90년 4월에 열린 전행 부점장회의에서 총책임자로서 프
로젝트가 완성될 때까지 좋아하는 술도 끊겠다고 선언했다. 예정
에 없던 대사를 '까짓 것' 하는 생각에서 내뱉었는데 술고래가 술
까지 끊겠다고 선언한 것이 점장들의 의식화, 공감대 형성에 아
주 큰 효과를 가져다 주었음을 나중에 느낄 수 있었다.

사람을 움직이고 의욕을 북돋기 위해서는 무엇보다 자신이 진
심으로 호소하는 것이 제일 좋은 방법이다.

6) 자율운영의 추진

① 점포 자체의 프로젝트 관리

의식화가 되어도 그것 자체는 의욕일 뿐이지 곧장 성과로 이어
지지 않는다. 이렇게 하면 된다는 구체적인 방법을 제시할 때서
야 위기감을 지렛대로 삼아 활동을 증폭시키고 좋은 결과를 낳을
수 있다.

그래서 점포마다 차 · 과장급으로 이루어진 이행추진 관리자를
대상으로 리더십 교육과 점포 자체의 프로젝트 관리에 나서기로
했다.

가. 역할 인식

프로젝트를 완성하려면 전체 계획의 중심이 되어 추진관리
를 할 사람이 반드시 있어야 한다. 프로젝트의 성패는 오로
지 리더인 이행추진 관리자의 리더십에 달려있다.

나. 프로젝트 추진의 구체안

목표달성 수단에는 본부의 집합연수, 단말기를 사용한 자체 연습, 종합테스트 외에 학습회를 통한 자기연마 등이 있다. 이를 종합하여 일정표를 만들고 스스로 리더가 되어 관리한다.

또 관리자에게는 새로운 사무체계에 기초한 점검기능을 높이기 위해 점검사항 지침서를 만들어 예외관리 능력을 키우도록 하였으므로 그 목적을 잘 이해시키고 성과를 올리도록 지도한다.

다. 이행추진 관리자의 구체적 직무

- 추진계획 일정을 구체적으로 세우고 철저히 주지시킨다. 개인별 시간외 관리, 휴가 등 일정 관리를 철저히 주지시킨다.

- 일정의 추진관리
  실행 상황, 진척 상황을 항상 파악한다.

- 철저한 추적, 확인 작업
  격차에 대한 지원, 소인점포(대리점, 출장소)에 대한 대처, 시간제 근무에 대한 대처, 휴가나 이벤트 관리 등을 통해 문제점과 과제를 파악하고 조기에 해결한다.

이상과 같이 이행추진 관리자에게는 리더로서 추진 중심이 될 것, 내부 합의를 유지할 것, 사기를 진작시키고 즐거운 분위기를 만들 것 등을 강하게 요구하였다.

이는 차·과장의 리더십 능력 향상에도 이바지했으며 거꾸로 그들의 리더십 능력이 점포의 자율운영 성패에도 크게 영향을 기쳤다.

이리하여 프로젝트를 추진할 때는 리더들의 의식화가 무엇보다 중요하다는 사실을 느낄 수 있었다. 특히 성과를 높이는 데에는 리더들이 얼마나 적극적으로 확인하고 사후대책을 세우는가에 달려있다.

② 본부의 전체 프로젝트 관리

영업점의 자율운영이 활동의 축이라고 해도 그렇게 되려면 본부가 적절한 수단을 제공해야 한다. 또 프로젝트를 전체적으로 종합관리하여 진척상황을 현장에서 즉각 파악하고 문제점과 과제를 조속히 해결할 수 있어야 했다.

그래서 나 스스로 종합관리의 중심이 되어 문제를 올바르게 처리하고자 노력했다.

가. 수단의 계획적 제공
  • 새 시스템의 사무절차
  • 신구(新舊) 사무처리의 비교표
  • 구체적인 일정관리 방법
  • 사무, 시스템 운영 연수
  • 점장, 추진관리자에 대한 운영지원

나. 철저한 사후확인과 대책
  각 점포 및 전체의 진척상황과 품질점검을 종합관리하기 위해 본부 스태프들로 하여금 정기적으로 점포를 방문해 현상을 파악하고 문제점을 조기에 해결하도록 했다.

점장의 의식과 사기에 문제가 있는 경우에는 내가, 또 운영체제나 구체적인 시책을 고민하는 경우에는 본부 스태프들이 직접 방문하여 영업점과 하나가 되어 과제를 처리하고자 애썼다. 특히 뒤떨어진 점포가 있으면 중점지도 하여 격차가 생기지 않도록 했다.

막상 실시해 보니 현장 방문이 문제점 발견에 얼마나 중요한지 통감할 수 있었다. 책상 앞에 앉아서는 현장의 실상을 알 수 없고 따라서 정확한 대응도 불가능하다.

한 예로 현장 방문을 통해 주부사원들의 시간외 근무에 대한 고충을 알게 되었고, 이에 따라 점장이 가족들에게 "일시적인 일이며 조속히 끝내겠으니 양해 바란다"는 부탁을 하게 했다. 시간외 근무 자체도 문제가 될 수 있었다. 그래서 법정 노동시간을 넘지 않도록 리더들에게 개인별 시간외 근무 관리표를 만들어 시간을 철저히 관리하게 했다. 그와 동시에 다른 시간외 근무의 내용을 샅샅이 조사해 감소시킬 수 있는 대책을 연구해 보도록 했다. 이런 연구는 그 뒤 업무시간 단축을 촉진한다는 면에서도 효과를 가져왔다.

프로젝트를 추진할 때는 점장을 비롯한 참가자 전원의 의식화와 이해, 납득이 무엇보다 필요하다. 내가 가장 공을 들인 것도 바로 이 부분이었다.

모든 사람을 납득시키고 동료로 만들기 위해서는 아치21활동이 단지 은행을 위한 것일뿐 아니라 자신에게도 이득이 된다는 점을 깊이 인식시켜야 한다. 나는 그러한 활동의 한 부분으로써 아래의 글을 사보에 실었다.

아치21활동의 준비작업은 당신에게도 플러스가 된다

    먼저 아치21활동(차기 시스템 이행)의 추진으로 은행의 모든 분들에게 커다란 고생을 안겨드려 정말 죄송하게 생각합니다.

    이행준비에 만전을 다하기 위해 갖가지 일을 부탁드리고 있는데, 그것은 단지 시스템 이행에 필요할 뿐 아니라 그렇게 하면 여러분 자신에게도 커다란 도움이 되기 때문이라는 점을 이해해 주시길 바라며 부족하나마 이 글을 쓰기로 했습니다.

1. 담당 관리자 여러분에게

    여러분은 점검표나 지침서를 만들어 주십시오. 하루 하루의 업무만 처리해도 죽을 지경인데 더이상 무엇을 하라는 말이냐고 생각할지도 모릅니다. 하지만 기술혁신과 기계화의 진전에 따라 일의 중심이 차츰 현장의 운영자들에게 넘어가고 있습니다. 그 결과 업무 시스템을 잘 아는 부하 운영진과 잘 모르는 관리자라는 이상한 상태가 지속되고 있는 것이 우리 실정입니다.

    이러한 현실 속에서 담당 관리자는 무엇을 해야겠습니까. 이것이 우리 시대의 질문입니다. 부하들과 똑같이 운영, 조작 능력을 키우고 싶어도 그것은 너무 어려운 일이며 구태여 그렇게 할 필요도 없습니다. 일선 운영자와 담당 관리자는 역할이 다르기 때문입니다.

    요컨대 틀에 박힌 일상의 일은 부하 운영자들에게 맡기고 예외적 또는 이례적인 업무가 발생할 때 그것을 해결해 주는 것이 관리자의 할 일입니다. 부하인 운영자들이 질문할 때 나도 잘 모르니까 본부에 물어보자고 회피하면 권위와 신용이 떨어져 이른바 권한의 공동화 현상이 나타납니다.

관리자 여러분은 이번 아치21활동을 통해 잃어버린 권한을 되찾아야 한다고 생각합니다. 전직원이 동시에 새로운 방식을 공부하는 절호의 기회를 이용하여, 예외처리와 주요 점검사항을 정확히 처리할 수 있도록 애써 달라는 의미입니다.

점검표와 지침서를 만들라고 한 것도 그 때문입니다. 그러나 그것은 수단에 지나지 않습니다. 목적은 관리자 여러분의 관리능력을 향상시키는 것입니다. 그러므로 다른 사람들을 시켜서 처리하는 것은 아무 소용도 없습니다. 스스로 만들어 봄으로써 확실히 내 것으로 삼아야 합니다. 그렇게 할 수 있을 때 당신은 분명 관리자로서 존경을 받게 될 것이며 일도 더욱 재미있어질 것입니다. 아치21활동을 위한 학습은 자신을 위해 더없이 귀중한 기회라고 생각해 주십시오.

2. 점장 여러분에게

어떤 시책을 펼치든 성공하기 위해서는 다음과 같은 내용이 절대 필요합니다.

(1) 합의 형성

왜 이 일을 해야 하는지 부하 전원을 이해, 납득시켜야 합니다. 나도 해보자라는 마음을 불러 일으키지 못하면 부하들은 진심으로 움직이지 않습니다. 위의 명령이니까 마지못해 할 따름입니다. 그러면 프로젝트는 진전되지 않습니다.

(2) 목표 명시

무엇을 이루어야 하는지 완성 그림을 보여주어야 합니다. 모든 사람에게 오르는 산의 정상이 어디인지 알려주십시오.

(3) 구체적인 방법과 일정을 잡는다

　　모든 사람이 정말 하려는 마음이 준비되고 목표도 갖추어졌다면 각자가 무엇을 실천해야 할지 결정합니다. 리더는 각자 구체적인 방법을 결정할 수 있도록 지원해주어야 합니다. 알아서 하라고 내버려두면 뒤에 나올 추적, 확인 작업은 불가능하게 됩니다.

　　(4) 추적, 확인한다

　　시책을 실현하기 위해서는 부하들의 진척상황을 항상 파악해 도중에 문제가 생기거나 벽에 부딪쳤을 때 빨리 적절한 수정방향을 알려주어 과제를 해결할 수 있도록 이끌어야 합니다. 이러한 확인과 사후대책 작업이 시책을 제대로 달성하는 데 가장 중요한 일입니다.

　　이번 아치21활동에서도 점장급(점장+추진관리자)들이 그러한 일을 해주셨으면 합니다. 그렇지 않으면 활동은 성공할 수 없습니다. 여러분은 이러한 추적, 확인 작업이 지점을 경영하는 데 필요한 리더로서의 노하우를 축적할 수 있는 절호의 기회라고 생각해 주십시오. 열과 성을 다 할수록 뛰어난 경영 노하우를 습득할 수 있고 그것은 반드시 다음 기회에 활용할 수 있습니다.

　　나아가 점장님들에게 부탁드리고 싶은 점은 부하를 키우는 일은 여러분들에게 더없이 이득이 된다는 사실입니다. 인재 육성이란 부하 관리자에게 관리능력을 갖추게 하는 일입니다. 앞서 말한 관리자(외무계도 포함)의 자기연마를 강력히 지원해 주시기 바랍니다.

3. 오퍼레이터 여러분에게

　　새로운 일을 익히는 것은 즐거운 일이지만 일상 업무 외에 또 다른일을 해야 한다고 생각하면 마음만 괴롭습니다. 처음에는 손에 익지 않아 부담스럽겠지만 연습을 쌓을수록 익숙해질 것입니다. 무엇보다 최첨단의 컴퓨터를 당신의 손으로 움직이는 것입니다. 정말 유쾌한 일 아닙니까. NAC활동에서 경험했듯이 어차피 할 바에야 즐겁게 서로 떠들며 해보십시오.

우리는 오랜 시간을 투자해 최고의 컴퓨터 시스템을 만들어냈습니다. 그러나 아무리 멋진 시스템이라도 사람의 손이 직접 운영해야 하는 부분, 곧 입력이 정확히 이뤄지지 않으면 착오가 생깁니다. 당신의 손이 정확하게 움직여 컴퓨터 시스템이 멋지고 생생하게 살아나기를 진심으로 바랍니다.

아치21활동에서 얻은 것

이리하여 은행 전체가 축제 분위기 속에서 차츰 활기를 띠기 시작했다. 많은 과제를 뛰어 넘어 준비작업이 하나 하나 진척됨으로써 90년 11월 5일, 예정대로 시스템의 완전가동에 들어갈 수 있었다. 이러한 경험에서 얻은 교훈은 다음과 같다.

① 프로젝트 추진에는 빈틈없는 계획과 공감대 형성이 무엇보다 중요하다.

다시 말해 관계자 전원이 자기 역할을 인식하고 스스로 적극 공동작업에 참가해야 한다.

이를 위해 본부는 전체계획을 잡고 구체적인 영업점의 시책을 명시, 지원했다. 또한 전원 참가를 이끌기 위해 점장과 이행추진 관리자, 각 계층에 참가의식을 불러일으키고자 노력했다. 결과적으로 이것이 아주 중요한 일이었음을 새삼스레 깨달았다.

② 프로젝트를 빈틈없이 관리할 수 있는 리더의 존재가 성공의

열쇠이다.

대형 건물을 완공하려면 견실한 설계, 공정표와 일정관리, 각 단계의 품질관리가 필수적이듯 개별 점포 및 전행의 일정관리 그리고 각 단계의 품질관리로 문제를 조기에 해결하는 것이 아주 중요하다.

그렇게 하려면 리더가 활동을 책임있게 적극 관리, 운영해야 한다. 부하에게 미뤄서는 결코 성공할 수 없다. '솔선수범'하면 반드시 성공한다는 확신을 갖고 스스로 나서서 자신의 역할을 다하라.

③ 전원 참가 풍토를 만들어내야 한다.

앞서 말했듯이 전부터 NAC활동을 추진하여 활성화 풍토만들기에 주력해왔다. 이것이 아치21활동에도 크게 이바지하였다.

많은 여행원들이 종합테스트(본선 리허설)를 위해 준비기간 중 6번이나 일요일에 출근해야 했다. 그래도 실태파악을 위해 점포를 찾은 나에게 "이것은 우리가 할 일입니다. 아무 염려말고 맡겨 주세요."라고 힘있게 이야기해 주었다. 정말 눈물이 나올 만큼 고마웠다.

④ 본부와 영업점 사이에 일체감이 있어야 한다.

가동일 전후로 본부에 전화 조회센터를 두어 영업점의 문의에 답해 주었다. 본부 스태프(지도단)는 계정이 맞지 않는 곳이 있으면 밤낮으로 달려가곤 했다. 전화 조회센터는 활기와 열의에 넘치는 훌륭한 활동의 장이었다. 실제로 영업점 사람들에게 얼마나 강력한 힘이 되었는지 이루 말할 수 없다. 또 이행준비 기간 중에도 적절한 시기에 계획적으로 현장을 찾아가 영업점의 처지에 서서 함께 과제를 찾아내고 조기 해결함으로써 영업점의 신뢰도가 높아졌다. 여태까지 본 적이 없던 본점과 영업점의 하나된 활동이 바로 거기에 있었다.

이것도 앞서 말한 F100작전에 의해 '본부의 역할은 영업점 지원'이라는 의식이 철저히 뿌리내린 결과라고 확신한다.

흔히 "로마는 하루 아침에 이루어지지 않았다."고 말한다. NAC활동이든 F100작전이든 본연의 풍토를 되찾으려는 노력이 쌓여 이러한 대규모 프로젝트를 성공으로 이끈 것이다.

결국 아치21활동의 성공은 NAC활동과 F100작전의 총결산이라고 할 수 있다. 나아가 영업점 자율경영에 관한 귀중한 노하우를 학습할 수 있었던 것도 기쁨이었다. 부디 앞으로도 자율경영 의식이 자리잡기를 바란다.

여담이지만 새 시스템 이행에 따라 사무체계가 일변함으로써 검사부의 영업점 점검방식도 크게 달라져야 했다. 검사부 담당인 나는 이를 계기로 점검방식을 크게 바꾸었다. 종래의 사무착오 발견에서 영업점의 관리운영 체제와 자체점검기능 확인 그리고 그 체제가 잘 작동하고 있는지 등 주로 체제면에 중점을 두었다. 아치21활동을 통해 익힌 영업점 자율경영에 관한 노하우를 확실히 정착시키려면 이러한 점검과 확인 작업이 필요하다고 보았기 때문이다. 그 결과 성과가 착실히 쌓이고 있다고 판단했다.

마지막으로 프로젝트가 거대한 만큼 완성했을 때의 성취감, 충족감도 아주 컸다. 일에서 느끼는 삶의 보람은 바로 무언가 이룩했을 때의 충족감에서 찾을 수 있다. 아치21활동은 자율운영에 중심을 두고 추진해 왔기 때문에 가동일 당일, 드디어 결산이 끝나자 곳곳에서 약속이나 한 듯이 "만세!" 소리가 터져나왔다. 본부 스태프는 물론 영업점 사람들도 똑같이 성취감에 젖었던 것이다.

이 경험이 앞으로 목표에 도전하는 의욕을 불러일으키고 사람을 기르며 창조적인 과제와 대결하는 풍토를 크게 발전시킬 것을 믿어 의심치 않는다. 아치21활동의 추진을 통해 뛰어난 새 시스템을 정비할 수 있었을뿐 아니라 기업의 활력이라는 또 하나의 커다란 기쁨을 맛본 것이다.

총지휘관이었던 나에게도 무엇보다 큰 공부가 되었다. 돌이켜 보면 나에게는 마지막으로 주어진 커다란 과제였지만 다음 세대에게 귀중한 자산을 물려줄 수 있었다는 사실에 만족과 보람을 느낀다.

(아시카가 사보에서)

두 가지 과제를 달성한 여러분에게 깊은 감사를 드립니다

오랫동안 정말 수고 많으셨습니다. 여러분의 노력에 마음 속에서부터 깊은 감사를 드립니다.

이번 프로젝트(아치21)를 완성하기 위해서는 두 가지 과제를 해결해야 했습니다. 첫째는 시스템의 본체 구조를 완성하는 것, 곧 컴퓨터 시스템과 새로운 사무 시스템을 완비하는 일이었습니다. 여기에는 시스템부, 사무관리부를 중심으로 국제부, 융자관련 부서, 경리부, 서무부 등 직접 관련된 부서가 힘써 주셨고 그밖에도 기획조정실을 중심으로 본부가 하나가 되어 총력을 모아 주셨습니다. 특히 활동의 중심이 되어 밤낮을 잊고 휴일도 없이 있는 힘껏 일해주신 시스템부와 사무관리부 여러분들에게는 뭐라고 감사드려야 할 지 모르겠습니다.

두번째 과제는 영업점 여러분이 새로운 업무처리 체제를 정비하는 일이었습니다. 특히 전점 전종목 동시가동이라는 일본 은행 어디에서도 찾아볼 수 없는 쾌거에 도전했기 때문에, 11월 5일까지라는 한정된 기간에 전원이 운영체계를 익히는 것이 아치21활동의 완성에 빼놓을 수 없는 사항이었습니다. 이를 위해 영업점 여러분에게 연수, 훈련, 종합 테스트를 비롯해 시간외 근무와 휴일 근무까지 커다란 부담을 끼쳐드렸습니다. 정말 입이 열개라도 드릴 말씀이 없습니다.

그럼에도 불구하고 일요일에 열린 종합 테스트를 점검하기 영업점을 찾을 때마다 여성분들이 "우리가 주역입니다. 반드시 해내겠습니다"라고 오히려 저를 격려해 주었습니다. 어떤 점포에서는 필승하겠다는 결의서를 보내주기도 했습니다. 이렇듯 모두가 의욕에 가득찬 집단으로 변모해 가는 모습을 보면 우리 은행이 얼마나 멋진 곳인지, 이러한 곳에서 일하게 된 것이 얼마나 행복한 일인지 다시 한 번 느끼지 않을 수 없었습니다. 미쓰비시 은행, 일본IBM 등에서도 일찍이 본 적 없는 완벽한 시스템 이행이었다고 찬탄했습니다. 정말, 정말 고맙습니다.

이 경험에서 나온 노하우는 이루 헤아릴 수 없을 만큼 많습니다. 일심동체의 경영, 관리자 본연의 역할에 바탕한 관리체제의 재확립, 사무처리 수준의 향상 등…. 앞으로도 여기서 배운 장점을 정착시키고 아울러 새 시스템을 완전히 활용할 수 있기를 바랍니다. 계속해서 협력해 주십시오.

저 역시 조회센터에 참가하고 있습니다만 영업점과 하나가 되어 의욕에 넘쳐나는 여러분의 모습을 볼 때마다 우리 은행의 단결된 힘을 또 다시 느낄 수 있습니다. 전원이 참가하여 프로젝트를 달성함으로써 느낀 성취감은 무엇으로도 대신하기 어려운 감동이었습니다. 이 감동이야말로 일에서 느끼는 삶의 보람으로 이어지는 것이 아닐까요. 새삼 이 프로젝트를 맡게 된 것에 행복을 느낍니다. 정말 고맙습니다.

(아시카가 사보에서)

아치 21활동 뒤 느낀 감상

〈T지점장〉

점포 운영의 기본은 더욱 바람직한 인간관계와 견실한 사무체제를 구축하는 일입니다. 이번 이행작업은 행원 하나 하나가 시스템 변경에 자신들이 직접 관계한다는 점을 충분히 인식하고 진지하게 노력했기 때문에 뛰어난 성과를 올렸다고 생각합니다. 아시카가 은행원의 힘은 정말 대단하다는 말 밖에 더 드릴 말씀이 없습니다.

〈M차장〉

한 곳이라도 뒤쳐진다면 전체가 이행할 수 없다는 압력도 있었지만 은행 초유의 대사업이라는 전제에서 일에 임했던 것이 좋은 결과를 낳았다고 봅니다. 연수를 받은 뒤에는 반드시 보고서를 만들어 배포함으로써 다른 사람들의 이해를 깊게 할 수 있다는 점을 배웠습니다.

〈T여성행원〉

주 2회의 학습회를 할 때마다 모두가 빠짐없이 점검사항을 의논했습니다. 또 단말기를 조작할 때에는 2인1조가 되어 한 명은 신구(新舊) 대조표를 보면서 지시하고 한 명은 키를 조작해 봄으로써 호환성을 높였습니다. 잘 되지 않을 때는 '무엇때문에 이 고생을 해야 하나' 라는 생각도 없지 않았지요. 그렇지만 무사히 이행을 끝낸 지금, 그러한 고생도 좋은 추억이 되었습니다.

〈S지점장〉

실제의 기계 조작을 알 수는 없었으므로 직원들이 연습하기 편한 환경을 만드는 일과 바쁜 날에는 어떻게 대처할 것인가의 문제에 신경을 썼습니다. 지점 경영은 공동작업입니다. 따라서 한 명이 특출나게 잘하는 것보다 모두가 자기 일을 책임있게 끝까지 완수하는 데 의의를 두었습니다. 이것이 효과가 있었다고 생각합니다.

〈N여성대리〉

우리 점포는 중견 이상의 베테랑 직원이 많아 자주적으로 배우려는 분위기였으므로 마음 놓고 일을 맡겼습니다. 이행을 계기로 점포 전체의 분위기가 활성화되고 업무에 대한 적극성과 단결이 더욱 높아진 것이 활동의 부산물입니다. 가족에게 협력을 부탁하는 공문을 써주신 점장님께 깊이 감사드립니다.

〈T차장〉

이행은 어차피 해야 하는 일이니 이왕 할 바에야 열심히 해보자고 마음먹었습니다. 또 휴가 일정을 조정한다거나 점포 안에 일정표와 표어를 붙여 분위기를 조성하는 데 신경을 썼습니다. 이행작업을 무사히 끝내고 받았던 보너스 보다는 이런 과정을 통해 자신을 새롭게 변화시킬 수 있었다는 것이 더 큰 성과가 아닐까요.

〈S여성행원〉

야간 연습과 휴일 근무는 가족의 양해를 얻어야 했기 때문에 무사히 끝냈을 때 정말 안도의 숨을 내쉬었습니다. 우리 은행의 역사상 최대의 사업에 나도 한 몫 할 수 있었다는 사실에 감사하며 앞으로도 은행을 위해 열심히 일하고 싶습니다.

〈R여성행원〉

아이들이 둘이어서 가족의 협력이 없었다면 여기까지 올 수 없었을 것입니다. 또 우리 점포에서는 기혼자와 미혼자의 팀워크가 좋았다는 점이 성공 요인 아니었을까요. 내가 겸임하고 있는 다른 계층의 업무는 연수를 받지 않았기 때문에 조금 불안합니다만 대사업을 완수한 경험을 활용할 수 있다고 생각합니다.

(아시카가 '91. 1. 임시증간호에서)

에필로그

아치21활동도 완료 뒤 예상 이상으로 순조롭게 움직이고 있습니다. 모두 여러분의 협력 덕분입니다. 가슴 깊이 감사드립니다.

근본적인 개혁을 전제로 전점·전종목 동시가동을 완료한 것은 분명 획기적인 사건입니다. 그러나 이는 어디까지나 시작일 뿐 앞으로 영업점 자율운영이라는 프로젝트의 목적이 모두 이루어졌을 때 비로소 끝났다고 말할 수 있습니다.

아치21활동을 시작하면서 두 가지 일을 실현하려고 마음먹었습니다. 하나는 시스템의 완성 및 완전 활용이고 다른 하나는 이를 계기로 운영체제를 관리자 중심의 전향적인 과제해결형 체제로 정비하는 것이었습니다.

시스템 이행을 준비할 때 점장이 중심이 되어 자기 점포의 목표와 일정을 세우고 과정을 항상 확인하며, 담당 관리자에게 자기 역할을 인식시켜 활동의 핵으로 세울 수 있기를 바랐습니다. 이는 시스템 이행이라는 미증유의 경험을 계기로 바람직한 점포 운영체제를 재검토 해주시라는 목적이 있었습니다.

이제 새 시스템으로 이행한 뒤 영업점 여러분에게 바라는 점은 다음 세 가지로 요약할 수 있습니다.

1. 새 시스템을 통달하여 업무를 신속, 정확히 처리할 것

여기에는 리더의 계획관리가 필수적입니다. 시간내 결산율 100%를 목표로 삼아야 합니다. 많이 틀리는 곳은 어느 부분인가, 또 그 원인은 새로운 사무에 대한 이해 부족인가 아니면 운영 기능상의 문제인가, 그것도 아니면 시스템 이전에 사무착오가 많기 때문인가를 잘 살펴 주십시오. 그렇게 자기 점포의 약점과 문제점을 파악하면 이제 관리자들이 과제 해결을 위한 연수나 학습회 등을 계획적으로 추진해야 합니다.

현 직원들의 수준 향상을 위해서 뿐 아니라 인사이동이나 새 직원이 들어올 때를 대비해 관리자가 계획적으로 관리하지 않고는 기능 향상은 바랄 수 없을 것입니다. 또 시제가 틀릴 때의 원인규명 체제를 만드는 일도 필요합니다.

2. 새로운 시스템을 어떻게 활용할 것인가

다음으로 필요한 일은 새 기능을 활용하여 자기 점포의 과제를 해결하는 것입니다. 점포의 과제는 입지조건의 차이에서부터 다양합니다.

제일 먼저 자기 점포의 과제를 옳게 파악할 것, 다음으로 새 기능을 잘 이해할 것이 중요합니다. 새 기능을 이해하고 활용하는 문제는 이후 시스템부, 사무관리부와 그밖의 관련부서에서 지원해 줄 것입니다.

점포마다 새 시스템에 쫓겨다니는 일에서 하루 빨리 벗어나 효과적으로 활용하는 단계로 들어서기를 바랍니다.

3. 바람직한 점포 운영체제를 만들것

마지막으로 중요한 점은 목표관리로 점포 운영체제를 정비하는 일입니다. 자유화의 진전, BIS기준의 제약 등 산적한 과제 속에서 영업점이 양에서 질 중심의 경영으로 나아가기 위해서는 생산성을 끌어올려야 합니다.

여기에는 다음과 같은 내용이 필요합니다.

① 자기 점포의 문제점, 장래의 변화(수익력 저하 속에서 ROA 향상) 등을 전제로 효율화 목표를 세워 전원의 합의를 끌어낼 것

② 목표를 이루기 위한 구체적인 시책과 일정을 세우고 점장 및 핵이 되는 리더들 중심으로 착실히 실행할 것

③ 함부로 단언하지 말고 진척상황을 똑바로 확인하여 과정에서 발생하는 문제점을 조속히 해결할 것

정리해보면 시스템 이행에서 배운 경험을 이후 점포 운영체제로서 뿌리내리게 하는 것이 핵심입니다. 어렵게 습득한 귀중한 노하우를 살릴 때야말로 막대한 투자와 고생이 의의를 가지지 않겠습니까.

외부에서는 무리라고 여긴 전점·전종목 동시가동이라는 위업을 이룩한 여러분의 결집된 힘은 정말 대단한 것입니다. 그 힘을 부디 아치21활동이 완전히 마무리될 때까지 계속 간직해, 훌륭한 아시카가 은행을 창조하는데 써 주시기 바랍니다.

(아시카가 91. 1. 임시증간호에서)

제4장

은행경영의
새로운 방식

- 질을 중시하는 경영 -

1. 경영정책의 전환

은행은 금리규제 시대에 언제나 일정한 이익을 확보할 수 있었다. 자금량을 확대하기만 하면 그에 비례하여 이익도 올라갔다. 점포와 인원 등 경영자원을 아낌없이 투자해도 자금량이 늘어나기만 하면 따라서 이익이나 실적도 함께 올라갔다는 뜻이다. 은행 경영이란 양적 확대(Share Up)만을 목표로 삼아 그저 달려들기만 하면 된다는 사고방식이 지배적이었다. 다른 산업에서는 찾아볼 수 없는 단순한 태도였다.

그러나 이제 금리자유화의 진전에 따라 이익은 축소되고 운용, 조달 방식에 따라 격차가 생기게 되었다. 게다가 자기자본비율(BIS) 규제에 의해 자금량의 증가도 제약을 받게 되었으며, 컴퓨터에 대한 투자 등 고정비용 증가와 인건비 부담 등이 겹쳐서 은행도 다른 산업과 마찬가지로 어려운 환경에 놓이게 되었다.

한편 고객의 기호는 나날이 다양화, 고도화됨에 따라 영업면에서도 획일적 한 가지 상품 판매의 시대는 막을 내렸다.

① 최소의 경영자원으로 올리는 최대성과

이렇듯 자금량과 인원이라는 경영자원의 한계가 드러나고 있는 이상 양적 확대만을 노리는 경영은 이미 불가능해졌다. 따라서 당연히 최소의 경영자원으로 최대의 성과를 올리는 질을 중시하는 경영방식이 요구되기에 이르렀다. 한정된 경영자원을 가장 효과적으로 투자하려면 투자의 우선 순위를 명확히 하여 필요한 일은 빈틈없이 추진해나가는 동시에 무가치한 것을 잘라 필요한 경영

자원을 만들어내야 한다. 이것이 경영정책을 전환해야 할 첫번째
이유이다.

② 매력있는 기업 만들기가 목표

과거 가난으로 먹고 살기가 어렵고 힘겨운 시대가 있었다. 그 때
는 배고픔을 해결하기 위해 무슨 일이든 참으며 죽을 힘을 다해 일
해야만 했다. 회사 전체가 '싸워 이긴다'는 단순 명쾌한 경영목표
를 향해 매진했다.

그러나 차츰 풍요로운 사회로 발전되면서 사람들은 단지 먹는
다는 기본 욕구보다 그 이상의 가치, 곧 자아실현과 사는 보람을
추구하게 되었다. 나아가 일한다는 것 자체의 의미를 고민하는 사
람들도 늘어났다. 비단 젊은이들뿐 아니라 뜻있는 사람들은 이제
사는 보람을 느낄 수 있는 일, 혹은 그것이 가능한 직장을 원한다.

이러한 상황에서 예전처럼 불독 같은 저돌적 충성을 요구하는
회사가 있다면 이제 더이상 존속할 수 없을 것이다. 사원의 인간
성을 존중하고 그들에게 사는 보람을 부여할 수 있도록 기업들이
경영목표를 탈바꿈할 필요가 생긴 것이다. 그렇게 함으로써 활력
있는 기업으로 새로 태어난다면 젊은이들이 저절로 모여들게 될
것이다. 이것이 앞으로 은행이 질을 중시하는 경영방침으로 전환
되어야 할 두번째 이유이다.

③ 은행과 사회의 관계

거품경제의 붕괴는 불량자산의 증가와 금융사고의 빈발을 초래
해 은행에 대한 사회의 비판을 불러일으켰다. 은행이 스스로 사
회적 역할과 기대를 저버린 것처럼 보였기 때문이다.

그동안 은행이 사회봉사보다는 오로지 이익만 추구해 왔다는 사실이 사회가 느끼는 배신감의 한 원인임은 부정할 수 없다. 또 많은 사람들의 자금을 대규모 부실채권으로 만든다거나 금융사고에 의해 손실을 입힌다면 은행은 자신의 사회적 책임을 다하지 못한 셈이다. 은행은 어떤 형태로든 사회에 도움이 될 때 비로소 존재 의의가 있는 법이다. 이것이 은행이 경영방침을 근본부터 바꿔야 할 세번째 이유이다.

이상에서 살펴보았듯이 새로운 환경 아래에서 예전처럼 시장점유율 확대나 이익추구라는 자기 회사 위주의 논리에 바탕둔 단순한 경영은 이미 통하지 않게 되었다. 한정된 경영자원(사람과 돈)을 가장 효율적으로 활용함과 동시에 사원과 주주, 사회(은행 안팎)에 다각적으로 관심을 가지는, 새로운 경영방식으로 돌아서야 한다.

이렇게 생각하면 질을 중시하는 경영으로의 전환은 단순히 경영정책을 바꾼다는 지시를 통해서, 또는 몇 가지 개선을 통해서 할 수 있는 일이 아니다. 기업체질을 뿌리부터 완전히 탈바꿈하지 않으면 안된다.

2. 체질개선의 필요성

나는 NAC활동, F100작전, 아치21활동 모두에서 활성화된 집단 만들기를 공통 목표로 삼았다. 모두가 목표를 공유하여 자신의 역할을 적극 수행하는 살아있는 집단을 만들고자 한 것이다.

물론 프로젝트의 구체적인 목적은 각각 달랐지만, 활성화된 살아있는 집단이 바탕에 깔려있어야 한다는 점은 공통적이었다. 따라서 프로젝트 추진과정에서 그러한 집단을 실제로 만들어 보았고 나아가 정착시킬 수 있다는 것도 깨달았다. 다시 말해 프로젝트 추진을 통해 기업의 체질까지 변화시키고자 마음먹은 것이다.

그 동안 우리는 다음과 같은 전통적인 가치관을 가지고 있었다.

- 환경변화를 인식하지 못하는 고정적, 안정적인 사고방식
- 단기적이며 방어적인 발상
- 고객지향, 시장지향이라고 말하면서 실제로는 내부논리가 중심인 사고방식
- 자기 껍질을 깨지 않으려는 안정형의 사원의식

이러한 사고방식을 개혁해야 새로운 기업체질도 갖출 수 있다.

이제 세 가지 프로젝트를 추진해 본 경험에 비추어 기업체질을 개선하려 할 때 유의해야 할 점을 정리해 보자.

1) 기업체질 개선의 유의점

① 경영목표를 명확히 할 것

전환기라고 부를 만큼 주위 환경이 격변하는 시기에 경영자는 새로운 경영목표(Grand Design)를 확립하여 이를 기업내에 철저히 주지시키고 일체감을 확보해야 한다.

더이상 은행 경영에서 양적 확대라는 단순한 목표가 제 구실을 하지 못하게 되자 목표를 잃고 무엇을 하면 좋을지 몰라 갈팡질팡하는 영업점장도 적지 않다. 따라서 해서는 안될 일뿐 아니라

나아가야 할 방향을 밝혀주는 경영목표의 명시는 지금 최고 경영자들이 해야 할 가장 첫번째 과제이다.

회사 창업 때에는 당연히 '고객의 인지'가 제일 중요하기 때문에 경영목표도 처음부터 명확하고 대부분의 사원들도 이를 철저히 인식하고 있다. 은행에서도 점포를 신설할 때에는 개점이라는 공통의 목적으로 모두 하나가 되어 적극 활동에 나선다.

최고 경영자가 새로운 경영목표를 제시하는 것은 수많은 사원들에게 창업 때와 같은 힘있는 활동을 하게 만드는 지름길이다.

NAC활동과 다른 프로젝트를 추진할 때도 마찬가지다. 제일 먼저 무엇을 목적으로 하는 계획인지, 어떤 것을 만들어내려 하는지를 명시하고 전원을 이해, 납득시키는 데 온 정력을 쏟았다. 사람들의 자발적인 활동이 무엇보다 중요하다고 생각했기 때문이다.

② 이해, 납득시킬 것 (회사의 메시지)

대규모 집단에서 리더십을 발휘하려면 작은 기업처럼 경영자에 대한 신뢰감(카리스마)에만 의존해서는 안된다. 오히려 회사에서 전달되는 메시지가 중요하다.

메시지를 올바르게 전달하려면 경영진의 의식이 하나가 되어야 한다. 이는 경영진 자체가 활성화되어 문제를 진지하게 의논하는 토양에서만 가능한 일이다. 경영진이 사장의 안색만 살핀다거나 적극적으로 문제의식을 갖지 않는다면 의식이 일원화되기 어렵고, 따라서 회사의 메시지를 자신의 것으로 소화시켜 전달할 수도 없다.

대기업의 사원은 경영자가 생각하는 것 이상으로 상황을 잘 알지 못한다. 회사의 메시지가 너무 적기 때문이다. 그러한 의미에서 사원들은 회사의 메시지에 굶주려 있다.

회사의 메시지는 경영방향을 보여주는 정보이다. 사원들의 이해를 얻으려면 그때 그때 기회가 있을 때마다 메시지를 알기 쉽게 전달하라. 서류상의 지시만으로는 충분치 않다. 경영진이 하나가 되어 온갖 기회를 통해 메시지를 보내라. 사내보나 비디오를 활용하고, 지점을 방문할 기회가 있으면 얼마 안되는 시간이라도 전원을 모아놓고 이야기하라. 그러면 직원들이 회사를 친근하게 느끼도록 만드는 2차적 효과도 건질 수 있다.

TV광고도 변화를 시도하려는 경영진의 의도를 회사 안팎에 전달하는 데 도움된다. 단, 어떤 일이 있어도 그 공약을 실천하기 위해 최선의 노력을 기울여야 한다. 경영진의 의식이 이전과 전혀 다르게 없다면 역효과가 생길지도 모르기 때문이다.

나는 NAC활동과 그밖의 프로젝트를 추진하면서 상부의 의도를 전원에게 이해시키는 일이 가장 필수적인 사항임을 통감했다. 그래서 온갖 방법으로 총지휘관(경영진)의 메시지를 전달하고자 노력했다. 불씨(핵심을 이루는 사람들)를 만들어 활동의 바퀴를 굴리는 데에도 힘썼다. 전원이 이해, 납득한다면 프로젝트는 80% 이상 성공한 셈이다. 회사의 메시지는 그만큼 중요하다. 그것이 바로 사원들의 정열에 불을 당긴다.

③ 조직의 유연성을 되찾을 것

은행의 조직은 점포 신설 등 창업단계에서는 다음과 같은 조건 때문에 매우 유연하다.

· 리더십이 명쾌하다

- 발상의 출발점도 시장원리 곧, '고객을 끌어당기는 점포 단들기'라는 것이 분명하기 때문에 누구나 하나가 될 수 있다.
- 할 수 있는 사람이 나서서 일을 하고 공헌도도 뚜렷하게 평가할 수 있다.
- 회의나 검토회도 형식을 따지지 않고 탄력적으로 자주 열린다.
- 역할 분담 등도 상황에 따라 수시로 달라질 수 있다.

그러나 시간이 지나고 규모가 커지면 어느덧 관리형 조직으로 바뀌어버린다.

- 종이나 횡적으로 벽이 생기고 방어적 업무가 중심이 된다
- 발상의 출발점도 외부지향(고객지향, 시장지향)이 아니라 내부지향으로 바뀐다. 상사의 안색만 살피는 등 대부분의 정력을 내부에 쏟는다.
- 권한과 책임도 형식적이 된다. 참된 목표는 잊혀진다.
- 사람 배치도 선례나 로테이션이 중심이 되어 적재적소라는 원칙 따위는 설 자리가 없다.
- 왁자지껄하고 활기찬 분위기가 사라져버린다.

이렇게 변해버린 조직을 처음의 창조적이고 유연한 조직으로 바꾸려면 어떻게 해야 할까.

먼저 유연한 조직의 기준과 비교하여 무엇이 어떻게 악화되고 있는지 조사하고 저해 요인을 과감히 없애버린다. 그렇게 하지 않으면 진정한 의미의 체질개선은 이뤄질 수 없다.

원래 규모가 크건 작건 계층화하고 꽉 짜인 관리형 조직은 현대 사회에 대한 재빠른 대응력이 떨어지는 경우가 많다. 그러한 조직은 즉각 바꾸어야 한다. 고객의 기호 변화에 대응하여 새롭

게 정해진 경영방침이 바로 바로 말단직원에게까지 침투되는 일체감을 갖추어야 한다. 거꾸로 현장에서 파악한 고객의 기호가 본사의 기획에 직결될 수 있도록 의사소통이 잘되며 촉각이 날카로운 풍토도 만들어야 한다. 그렇기 위해서는 고정관념을 버리고 저해요인을 적극적으로 없애는 것이 일차적으로 필요하다.

앞서 말한 F100작전은 바로 이렇게 사람들이 유연하고 창조적으로 일을 할 수 있도록 조직 운영방식의 경직성을 개선하려는 프로젝트였다.

④ 사람 경영

기업체질 혁신에는 사람 경영이 아주 중요하다. 조직을 올바르게 움직이는 것도 사람이고 또 사명감에 불타는 사람들을 많이 길러내야만 기업도 발전하기 때문이다. 그래서 흔히 사람은 기업의 보배라고 말한다.

그러나 현실에서 과연 사람을 기르고 기업체질을 혁신한다는 목표에 따라서 사람 경영이 이루어지고 있을까.

물론 능력주의도 중요하지만 과연 능력이란 무엇인지 뚜렷하게 명시하고 있으며 또 그 능력을 올바르게 평가하고 있을까.

첫번째 문제는 중견 이상의 리더들에 대한 평가기준을 확실히 갖추고 있지 않다는 사실이다.

이제 기업체질을 바꾸려 한다면 거기에 필요한 사람에게는 어떤 리더십과 능력이 있어야 하는지 구체적으로 그릴 수 있을 것이다. 게다가 조직이라면 각 부문마다 당연히 수행해야 할 사명과 역할이 있기 마련이다.

경영자들은 그러한 내용을 명시하여 리더들이 자기 연마의 지표로 삼을 수 있도록 해야 한다.

금융산업으로 유명한 맥킨지 그룹은 이렇게 말한다. (〈은행의 전략 혁신〉 동양경제신문사)

"은행원이 새로운 도덕과 사회적 지위를 확립하기 위해서는 계층 질서 속에서 계수 목표의 달성만을 생각하는 폐쇄적이고 정형화된 인간에서 벗어나 투철한 직업의식을 가진 선진적 인간으로 발전해야 한다. 행원 하나 하나에 대한 평가는 계수보다 고객이 받아들이는 가치에 중점을 두어야 할 것이다."

두번째로 중요한 것은 명시된 평가기준에 따라 공헌도를 올바르게 평가해야 한다는 점이다.

확실히 인사권은 절대적인 힘을 가지고 있는데 그것이 옳고 그른지 확인하기 어렵다. 그러나 납득할 수 없는 인사가 이루어진 경우에는 당사자뿐 아니라 사내에 주는 영향도 매우 크다. 그에 따라 행원들의 이후 행동이 달라지며 급기야 사내 체질도 나쁜 쪽으로 변하기 쉽다. 인사 통지서가 영원한 베스트셀러라고 하듯이 샐러리맨의 행동 출발점은 역시 인사문제에 있기 때문이다.

사람 경영이란 이렇게 커다란 영향력을 가진 인사결정을 올바르게 처리하는 것에서 출발한다. 만약 앞서 말한 활성화되고 유연한 인간 창조에 기준을 두지 않고 단순히 단기적인 계수 실적만 중요시 한다면 어떻게 될까? 사람들은 실적을 올리기만 하던 무슨 일을 하든 상관없다고 오해하기 쉽다. 또 한편으로는 계수 실적을 달성하지 못한 탈락자를 만들어내게 된다. 나아가 한쪽으로 치우친 공정하지 못한 정보에 바탕을 두고 인사를 처리하는 일이 있다면 경영목표를 공유하게 만들고 목표의 실현 의욕을 양성하기란 애당초 틀린 이야기이다.

보스턴 컨설턴트 그룹에서 일하는 이노우에(井上猛) 씨는 이렇게 지적한다.(〈시간기준(time base) 경쟁〉)

"경영자라고 반드시 핵심사원층(부,과장 등 중간관리자층)을 파악하고 있으라는 법은 없다. 경영자가 회사의 사람 경영을 최종적으로 책임지는 사람이라면 이는 꽤 심각한 문제이다. 요컨데 입으로는 사람이야말로 회사의 재산이라고 하지만 실제로는 고작 재산의 한 귀퉁이 밖에 보지 못하는 셈이다. 그런 상태에서는 신규 사업 등 복잡한 문제를 풀어나갈 때 사람을 제대로 활용할 수 없다.

또 승진 문제에 관해 의논이 제대로 이루어지지 않고 있다면 분명히 대기업병으로 가는 지름길이다. 바로 위의 상사밖에 그 사람을 평가하지 못한다면 아무리 노력해봤자 아부와 아첨만 퍼지고 만다. 아무리 훌륭한 사람이라도(특히 다른 사람들 위에 설 만큼 온갖 인생 경험을 하여 자신감을 가진 사람일지라도) 한쪽 귀로 달콤한 말만 계속 듣는다면 자신에게 불행한 일이다. 따라서 다소 힘이 떨어져도 자신에게 순종하며 최선을 다하는 부하를 다시 없는 보물로 여겨야 한다. 혼자서 부하를 판단하기란 어려운 일이므로 기업에서 공정한 인사를 결정하기 위해서는 직접상사 외에 간부들도 함께 이야기할 수 있는 틀을 마련해야 한다."

확실히 이노우에 씨의 지적대로 그 사람을 알고 있는 상사의 정보에만 중심을 둔다면 아첨과 아부라는 비근대적인 행위로 치닫기 쉽다. 또 과거의 경력 및 로테이션이라는 기준에 따라서 인사를 처리한다면 바람직한 리더십을 양성하지 못할 위험이 있다. 특히 밀실인사는 인재 육성이라는 본래의 목적에 반대될뿐 아니라 사람들의 불만을 조장하게 될지도 모른다.

경영목표를 실현할 수 있는 활력있는 기업체질을 만들고자 한다면 무엇보다 사람을 거기에 어울리게 꾸려야 한다. 경영목표 실현과 사람 경영은 언제나 일치해야 한다.

물론 수많은 사람을 정확히 파악하고 누구나 납득할 수 있게 인사문제를 처리하기란 말만큼 쉽지 않다. 그러나 적어도 거기에 가까와지려고 노력하는 것이 경영자의 올바른 자세이다. 그렇지 않으면 체질 개선도 불가능하다.

사람 경영에서 첫번째 과제는 적어도 중견간부급 이상의 인재에 대해서는 합당한 평가기준을 명확히 세우는 일이다. 그리고 인사부의 주관적이고 획일적인 평가나 일부 사람들에 의한 정도에서 벗어나 부하, 동료, 거래처 등 각종의 정보를 토대로 충분한 의논을 거쳐야 한다. 기업은 다양한 능력을 가진 사람들을 필요로 한다. 저마다 다른 능력을 적절히 평가하고 적재적소에 활용하는 것이 사람을 기르는 길이다.

인사권을 더이상 사람을 묶는 특권이 아니라 바람직한 사람 경영에 필요한 '책무'로 여겨야 할 것이다. 사람을 잘못 관리해 직장의 활력이 사라지는 등 기업체질이 악화된다면 그 막중한 책임은 누가 질 것인가.

결국 올바른 사람관리가 새로운 시대에 따른 경영체질 혁신에도 크게 이바지하게 된다. 사원의 정열에 불을 붙이고 경영목표를 공유하게 만들며 사명감으로 불타서 행동하는 사람을 길러라. 그래서 기업에 활력이 넘쳐나게 하며 그 힘을 경영목표 실현에 돌릴 수 있도록 하라. 사람 경영, 이것이야말로 기업의 올바른 가치관으로 뿌리내리게 해야 할 일관된 경영 방침이다.

3. 질을 중시하는 경영이란 무엇인가

기업의 체질 개선(탈바꿈)이 질 중시 경영의 기본 토대이다. 기업은 과거 경영방식이나 기업체질을 일단 부정하고 바람직한 기업상을 창조적으로 재정립해야 한다. 곧 새로운 비전을 구축하고 그것을 실현하기 위한 장·단기 계획을 세워 회사 전체가 계획적으로 탈바꿈을 꾀한다.

거기에 필요한 유효한 전략을 세우는 일은 소수의 전문가(Expert)가 할 수 있는 일이 아니다. 사실대로 말하면 탈바꿈 자체는 최고 경영자의 지시와 몇몇 전문가의 활동만으로 불가능하다. 전 직원이 회사의 비전을 자신의 목적으로 공유하고 하나가 되어 행동할 수 있는 '기업체질'을 만드는 것이 전제조건이다. 장기계획과 전략도 중요하지만 그것을 만들고 실행하는 조직의 창조력을 높이는 것, 사내의 일체감을 조성하는 일이 더욱 중요하다. 경영혁신이란 기업을 본연의 바람직한 모습으로 탈바꿈(체질개선)시키는 일종의 커다란 프로젝트이다. 되풀이 말하지만 이러한 프로젝트를 성사시키는 전제조건은 회사가 설득과 공감대 형성으로 사원들의 일체감을 북돋우고 있는가, 사원들이 회사의 목표를 공유하고 스스로 나서서 행동하려고 하는가 이다.

그러한 활력에 가득찬 인간집단에서 뛰어난 전략이 나오고 실행된다. 반대로 실패를 허용치 않는 분위기와 금지조항만 강조되는 방어 중심의 관리형 경영 아래에서는 무사안일주의가 판을 치고 활력이 사라진다. 그러한 곳에서는 아무리 뛰어난 비전과 장기계획 및 전략이 있어도 실현되기 어렵다.

기업은 어려움을 딛고 스스로 도전하는, 사명감에 불타는 사람들이 많을수록 강해진다. 문제의식을 가지고 스스로 생각하며 일하는 사람들, 그리고 그들을 올바른 평가로 북돋아 주는 회사, 이런 유대 과정을 통해 이루어지는 활력있는 기업체질이 질을 중시하는 경영을 성공으로 이끌어준다. 활력있는 인간 집단을 만들 수 있다면 프로젝트의 80%는 이미 성공한 셈이다.

반면 그러한 기업체질을 만들어내지 못한다면 방향 전환, 곧 질 중시 경영을 뿌리내리기 어렵다. 아니, 정책을 전환하기는 커녕 존립 자체마저 위험에 빠진다. 조직은 경직화, 관료화되고 방어적 자세가 중심이 된다. 책임 추궁이 엄격하기 때문에 사람들은 착오를 저지르지 않는 데에만 신경을 써 적극성과 추동력을 잃어버린다. 위, 아래, 옆의 의사소통도 악화되고 본사와 현장 사이도 삐걱거린다. 현장은 본사의 안색만 살피게 되고 거래도 형식과 안전제일주의에 빠져 어떻게든 협상을 통해 성과를 올려코려는 진지함은 찾아보기 어렵게 된다. 이렇게 사원들이 위축되어 스트레스와 불만이 쌓이면 더불어 착오와 실패도 늘어난다. 내 한 몸 지키는 것이 모든 발상의 중심이 되기 때문에 사명감에 불타는 적극적인 모습을 감춰버리고 만다. 이리하여 결국 전형적인 대기업병에 빠져 실적이 떨어질 뿐더러 젊은이들에게도 외면당한다.

나는 아치21활동을 추진해 본 결과, 역시 은행에서도 질 중시 경영 확립이라는 거대 프로젝트를 추진하려면 똑같은 내용이 있어야 함을 깨달았다. 그것을 정리하면 다음의 두가지 사항이다.

첫째, 기업의 활성화를 꾀할 것과 둘째, 목표관리방식을 도입해 비전을 구체적으로 확실히 실천해 나갈 것이다.

1) 조직의 활성화

① 인재를 기르는 풍토

사람은 기업의 보배이다. 지금과 같은 급격한 사회변화에 대응할 수 있는 것은 오직 '사람' 뿐이다. 그런 의미에서 현대를 살아가는 기업에게 인적 자산은 특히 중요성을 더하고 있다. 그렇지만 사람들이 입사할 때부터 모두 뛰어난 자질과 왕성한 의욕을 가지고 있기를 기대하는 것은 무리이다. 오히려 평범한 사람이 일을 통해 성장하기를 기대해야 한다. 그렇다면 뛰어난 인적 자원을 갖추기 위해서는 모름지기 인재를 기를 수 있는 기업 풍토부터 마련해야 한다.

공동 플레이만 강조하는 축구팀이 꼭 강하란 법은 없다. 선수 개개인이 언제나 자신의 기술을 갈고 닦는 팀이 공동 플레이를 습득했을 때 비로소 강력해진다. 기업도 마찬가지이다. 개개인이 자신의 기술과 판단력을 높여가는 자기계발을 게을리 해서는 안된다. 비즈니스에서도 안이함은 금물이다.

그렇다고 뛰어난 엘리트만을 남기고 나머지는 떨궈 버릴 수밖에 없다고 속단해서도 안된다. 프로야구에는 그 분야에서 뛰어난 사람들만 모이지만 기업에는 능력이 차이나는 갖가지 사람이 있기 마련이다. 그리고 그들이 격차는 있을 지언정 모두 자신의 능력을 힘껏 발휘하여 활동하는데 남다른 묘미가 있다. 만약 프로야구처럼 특별한 능력의 소유자만 모여 있다면 자기만 잘났다고 주장하는 독선적인 집단이 되어 기업의 존립 자체가 흔들릴지도 모른다. 신체에 장애가 있는 사람이 전심전력 노력함으로써 집단의 열기와 의욕을 북돋운 훌륭한 사례도 있음을 잊어서는 안된다. 약한 사람이 있으면 서로 격려하는 공동체 의식이 자랄 수 있으며, 빈틈이 있기 때문에 개선이 이루어지는 법이다.

따라서 유능한 사람에게 일을 시키는 것도 필요하지만 그렇지 않은 사람들도 차별하여 떨쳐버리지 말아야 한다. 100의 능력을 가진 사람이나 60의 능력을 가진 사람이나 각각 자신의 힘을 100% 이상 발휘하게 만드는 데 온 정신을 집중하라. 그러한 집단이 오히려 뛰어난 성과를 올리며 나아가 사람은 그러한 과정을 통해 능력을 높이면서 더욱 성장하는 법이다. 뒤떨어진 사람들 중에도 인재로 자라나는 사람이 있다. 다시 말해 인재를 기르는 기업이란 그 구성원이 능력에 상관없이 자신의 힘을 100% 발휘하여 의욕적으로 일하도록 하는 활성화된 풍토를 갖춘 곳이다. 그러면 사람은 어느 때 의욕을 가질 수 있을까.

② 리더의 역활
내 경험에 비추어 보면 상사가 믿고 책임을 맡겨 주었을 때였던 것 같다. 그럴 때에는 아무리 힘들어도 언제나 힘차게 일을 할 수 있었다. 반면 보수적이고 책임감이 결여된 권위주의적 상사 밑에서는 의욕을 잃어버리곤 했다.

모리다(森田元) 경찰본부장이 〈경찰의 벗(警友)〉이라는 잡지에 이런 글을 실은 적이 있다.

"리더에게 제일 중요한 것은 진심어린 사랑이라고 봅니다. 이 사람을 어떻게 하든 참된 인간으로 만들고 싶다는 바람 말입니다. 그렇게 하는 것이 나의 의무요, 책임과 사명이라고 생각합니다."

정말 맞는 말이다. 부하가 자기 아들 딸처럼 보이고 진심으로 길러주고 싶은 애정이 솟으면 그 마음은 반드시 상대에게도 통하게 되어 있다.

"길 잃은 한 마리 양을 버리기보다 99마리 양을 남겨두고라도 찾아나서는 그런 기업이야말로 활기와 생명력이 넘쳐난다."는 일본 경영시스템의 아사노(淺野) 사장의 말은 그런 의미에서 깊은 감명을 준다. 약자를 잘라버리는 감점주의나 차별화가 아니라, 부하를 사랑하고 하나라도 소홀히 하지 않으며 그들의 의욕을 불러 일으키려고 하는 리더의 진심어린 애정이 집단을 살아있게 만들며 인재를 기르는 원동력이 된다.

예전에 도호(東邦) 약품의 마쓰다니(松谷)사장을 만난 적이 있었다. 도호 약품은 기업의 활성화가 진행되어 높은 성과를 올리고 있는 훌륭한 회사이며, 마쓰다니 사장은 사업면에서는 엄격하지만 부하들에게는 사랑과 존경을 받는 멋진 분이다. 그가 보인 부하에 대한 애정이 잘 전달되었기 때문에 부하들도 그 분의 엄격함을 기꺼이 받아들이게 되었을 것이다. 이렇게 애정을 바탕으로 존경받는 경우가 최고의 리더이다. 나는 도호기업의 활성화 비밀을 힐끗 엿본 기분이었다.

사람을 기르는 풍토를 만들어 나가는 데에는 리더의 역할이 아주 중요하다. 뛰어난 리더가 있다면 그 기업에서는 언제나 훌륭한 인재들이 많이 나올 것이고 거꾸로 그러한 리더를 기르고 소중히 하는 기업이라면 언제나 활기가 가득하고 사람들도 무럭무럭 자랄 것이다.

2) 현장주의 경영(역피라미드 경영)

활성화된 조직이란 조직의 말단 즉, 신입사원 하나 하나에 이르기까지 전체의 목표를 자신의 것으로 받아들이고, 팀의 목표와 자신의 역할을 기준으로 삼아 목표를 세우고 스스로 도전하는 살아있는 인간집단이다.

따라서 조직을 활성화한다는 것은 조직을 구성하는 모든 사람에 대해 동기를 부여하고 자각을 촉구하는 일이다.

직원 하나 하나에게 어떻게 동기부여를 할 수 있을까, 또 그렇게 하기 위해서는 조직을 어떻게 운영하면 좋을까를 생각해야 한다. 활성화된 인간집단을 만드는 것이 영업점장을 비롯한 경영자의 중요한 경영과제이다.

경영 컨설턴트 시오카와(鹽川正人) 씨는 〈역피라미드의 기업경영〉이라는 저서에서 '현장주의＝역피라미드의 기업경영' 이라는 의식이 조직의 활성화를 낳는다고 이야기한다. 나도 그 의견에 전적으로 동감한다.

종래의 피라미드형 조직은 어렵게 조직을 피라미드 형으로 정비하고는 권한과 직무 분담을 자세히 정하여 위에서 관리하는 방식을 취한다. 이러한 구식 경영 스타일은 방어적이며 보수적인 업무에는 안성맞춤이지만, 조직을 활성화시키고 변화에 발맞춰 창조적으로 일하며 인재를 기른다는 새로운 시대의 경영에는 어울리지 않는다. 따라서 관점을 완전히 뒤바꿀 필요가 있다.

현장주의 경영에서는 피라미드를 거꾸로 세운 모양으로 현장 제일선을 주역으로 삼아 개인 또는 팀이 목표를 달성하는 것을 원칙으로 한다. 개인과 현장을 살리고 그 곳을 중심으로 조직 전체가 달라붙는 것이다. 요컨데 자율경영(Self Management)을 축으로 세우고 관리자는 밑에서 지원한다. 도표로 나타내면 〈표 4-1〉과 같다.

아치21활동은 이런 현장주의 경영이라는 관점을 도입하여 실천하였다. 영업점의 자주적인 계획 수립과 운영을 활동의 중심에 두고 본부는 뒤에서 그것을 지원한다. 영업점 내에서는 팀 또는 개인의 활동을 중심에 놓고 점장을 비롯한 관리자는 밑에서 지원하여 활성화시킨다. 이러한 현장주의 경영방식이 아치21활동을 성공으로 이끈 비결이라고 생각한다.

앞으로는 한 명의 강력한 리더가 전체 구성원을 이끌어가는 방식으로는 변화에 적응할 수 없고 조직도 활성화될 수 없다. 오히려 성과주의에 빠지기 쉽고 제일선의 의욕도 끌어올릴 수 없으며 쓸데없이 불평불만과 스트레스만 증가시켜 활력을 잃게 만든다.

따라서 '위에서 지시함으로 밑을 움직인다'가 아니라 '현장이 주역이 되어 스스로 생각하고 행동한다. 관리자는 밑에서 지원한다'는 식이 되어야 한다. 요컨대 관리자는 직원들이 각자의 능력을 발휘할 수 있도록 도와주는 오케스트라의 지휘자와 비슷하다. 그때 비로소 활력이 용솟음치고 창조적 활동이 나온다.

경영자와 관리자뿐 아니라 사원 모두가 주역이 되어 공통의 목표를 향해 스스로 행동하는 '전원이 주역(主役)이 되는 경영'이 활성화의 지름길이다. 자신이 주역임을 실감한다면 일의 목표와 역할, 책임이 명확해지고 스스로 실천해 나갈 수 있다. 조연이나 엑스트라가 된다면 시키는 것밖에 하지 못한다.

〈표 4-1〉 현장중심주의 경영

현장 중심주의 경영이란 … 변화에 대응하고 사람을 기르는 경영이다.
각자가 일에서 성취감을 맛볼 수 있도록 업무 환경을 정비한다.

현 장 제 일 선 이 주 역	• 각자의 의욕을 토대로 전체 목표와 부문 목표에 합치하는 스스로의 목표를 세워 도전하게 한다.
담당 관리자는 지원자 (조건 조성과 지원)	• 부문 목표를 세우고 그에 따른 부하의 목표 설정을 지원 • 진척상황 확인 • 문제해결 지원 • 성과 확인과 평가
최고 경영자는 지휘자 (통제 · 관리가 아니라 부하의 사기를 북돋우 면서 지원한다)	• 전체목표 명시 • 부문목표 확인 • 전체계획의 진척상황 파악 • 과제 해결 • 성과 확인과 평가

① 현장주의 경영을 위한 필수요건

이러한 현장주의 경영을 실현하려면 다음 요건을 정비해야 한다. 이것이 경영자와 관리자의 역할이다.

• 목표의 공유(구심력)

현장이 열성적으로 올바르게 움직이기 위해서는 '목표의 공유'가 무엇보다 우선되어야 한다. 단순히 위에서 제시되는 것이라면 그것은 진정한 목표가 아니다.

최고 경영자는 전체사원들이 '왜 이 일을 해야 하는가' '이 일을 달성하면 어떻게 되는가' 등을 이해, 납득할 수 있도록 성의있는 메시지를 거듭 보내주어야 한다.

그러기 위해서는 최고 경영자부터 바람직한 기업 만들기, 직장 만들기에 관해 명확한 목표를 세우고 있어야 한다. 그리고 그 목표를 전원이 납득하고 공유할 때까지 알기 쉽게 몇 번이고 설명해야 한다.

제일 중요한 것도 '모든 사람을 움직인다'가 아니라 그들이 납득하여 스스로 나설 수 있도록 동기를 부여하는 일이다. 리더들도 자신의 이야기에 모든 사람이 진지하게 귀를 기울일 수 있도록 신뢰받아야 한다. 평소 말과 행동이 다르다고 생각되는 사람은 설득력도 약하기 때문이다.

이렇게 전원이 목표와 가치관을 이해 납득했을 때 비로소 그것을 '공유'할 수 있고 일체감(구심력)이 생기며 자발적 행동으로 나아갈 수 있다.

다시 한번 말하지만 최고 경영자는 올라야 할 산의 정상을 분명히 제시하고 모두가 자진해 오르려는 마음가짐이 되게끔 동기를 부여하라.

• 재량권(원심력)의 부여

올라야 할 산은 하나여도 오르는 길은 여러가지다. 오르는 길까지 정해준다면 자율성이 없어져 활력도 생기지 않는다. 길을 지정해 주는 것이 아니라 건너기 쉽도록 개울에 다리를 놓는 방법을 알려주는 것이 최고 경영자와 리더들의 과제이자 역할이다. 팀 차원에서, 또 개인 차원에서 어떻게 하면 목표를 공유할 수 있을지 생각하며 실천하라.

실천과정은 소집단활동과 같다. 현상 분석-원인 규명-구체적 해결책의 순서에 따라 자유롭게 의논해 나갈 수 있도록 도와주라. 자유로이 하게 하고 실패하면 다시 한번 시도해 보도록 도와주어라. 단, 현장 책임자는 언제까지 얼마나 됐는지 그 진척상황을 추적하고 과정에서 나타나는 문제점을 조기해결 해야 한다. 성과로 이어지려면 책임자와 리더의 올바른 확인 · 사후대책이 무엇보다 중요하다.

이렇게 제일선이 중심이 되어 자유롭고 편안한 분위기에서 활동하며 책임자와 리더는 이를 올바르게 받침해 주는 것이 바로 현장주의 경영의 주요 과제이다.

목표를 할당량으로 오해하고 있는 관리자가 뜻밖에 많다. 하지만 할당량은 위에서 하달하는 것이기 때문에 비록 그것을 달성해도 잠시 안심할 수 있을뿐 다음 할당량에 대한 두려움으로 스트레스는 끝나지 않는다. 반면 스스로 납득하여 세운 목표였다면 만족과 기쁨이 생기고 다음 목표를 향해 도전할 의욕으로 이어진다. 거기에서 활력도 나온다.

할당량을 내리고 그것을 달성하지 못했던 꾸짖기만 한다면 도리어 쓸모없는 사람을 만들어내고 직장에는 활력이 사라져 어두

운 분위기가 될지 모른다. 따라서 목표를 할당량이 아니라 자신
의 것으로 만들도록 지원하는 것이 책임자와 리더의 역할임을 잊
어서는 안된다.

이렇게 현장 제일선을 주역으로 삼아 자유로이 활동하도록 하
면 목표를 세우고 실천해가는 과정에서 현장 제일선의 커뮤니케
이션이 원활해진다. 또 이를 통해 중간 관리직은 목표 명시와 부
하 육성이라는 본래의 리더십을 기를 수도 있다. 눈앞의 실적에
급급해 지시와 명령만 내리는 것이 아니라 집단의 종합력을 결집
하기 위해 힘쓰는 것이 진정한 리더십이 아닐까.

3) 커뮤니케이션의 중요성 ― 왜 지금 커뮤니케이션을 말하는가

마쓰시타 전기의 야마시타(山下) 씨는 사장이 되었을 때 제일
먼저 회사의 실태를 파악하기 위해 각 사업 부문의 이익율을 조
사해 보았다. 그 결과 가장 높은 수익을 올리며 마쓰시타를 지탱
하는 것은 기업의 꽃이라 불리는 TV나 VTR이 아니었다. 오히려
너무 일상적이어서 성장율이 낮으리라 여겨지던 다리미와 건전지
부문이었다. 야마시타 씨는 규모도 작고 성숙단계에 있다고 생각
되는 두 부문이 왜 뛰어난 성적을 올리고 있는지 흥미를 가지고
자세히 조사해 보았다. 그 결과 두 부문에서 놀랄만한 지혜와 노
력이 하나로 결집되고 있다는 사실을 깨달았다.

자세한 내용은 야마시타 씨의 책 〈나도 사장으로 일할 수 있다〉
(동양경제신문사)로 미루고 두 부문의 공통점만을 요약해 보자.
두 부문 모두 전 직원이 '업종의 사양화'라는 위기감을 공유하고
있었으며, 생산과 판매에 종사하는 한 사람 한 사람이 사업부장

과 똑같은 감각으로 경영에 참여하고 있었다. 바로 살아있는 인간집단 그 자체였다. 야마시타 씨는 규모도 작으며 공장도 낡고 평균 연령도 높은 두 부문이 어려운 환경 속에서 훌륭하게 활성화된 인간집단으로 조직되었다는 데 감동받았다. 그는 거기에서 경영의 출발점을 찾아냄과 동시에 이를 마쓰시타 전체에 널리 정착시킬 것을 최대의 경영 목표로 삼았다고 한다.

미쓰비시 전기의 신토(進藤) 씨도 앞으로 경영의 최대 과제는 조직의 활성화라고 말한다. 그리고 활성화 되었는가, 아닌가의 판단기준으로 다음 몇 가지 사항을 제시한다.

- 사원이 의욕을 갖고 이것이 나의 일이라 생각하며 정열을 불태우고 있는가
- 사원의 반응이 빠른가
- 조직 내 연계가 매끄럽고 필요하면 다른 사람도 나서서 하고 있는가
- 위 · 아래 사이의 의사소통이 잘되는가
- 위 사항들을 통해 조직 전체에서 탄력성이 느껴지는가. 요컨데 직장에 들어서면 전체적으로 '하자!' 라는 분위기가 느껴지는가

위에서 설명한 두 사람의 말은 21세기를 목표로 살아남기 위한 중대한 경영과제를 가르쳐준다. 곧, 사람을 노동력으로 보지 말고 인적 자원으로 파악하라는 것이다. 그들이 가진 능력을 모조리 발휘하게 만들고 그들을 더욱 성장시키며, 한 사람 한 사람의 의욕에서 나오는 추동력을 하나의 경영목표로 결집시켜야 한다. 결국 활성화된 직장, 살아있는 인간집단을 만들라는 이야기이다.

이러한 활성화된 집단 만들기야말로 오늘날 경영의 궁극의 곡

적이다. 그리고 거기에 필요한 가장 중요한 수단은 '커뮤니케이션'이다. 리더가 그것을 이해하여 올바르고 진지하게 추진하지 않는 한 커뮤니케이션이 잘 될 수 없고 전원참가에 의한 조직의 활성화도 실현할 수 없다.

첫째, 커뮤니케이션을 잘 하려면 어떻게 해야 할까. 커뮤니케이션의 목적이 활성화된 집단 만들기라고 생각한다면 이른바 술자리에서 이루어지는 커뮤니케이션에 만족하지 말고 또 다른 방식을 찾아 보아야 한다.

둘째, 일에서 커뮤니케이션이란 무엇인가 생각해 보자. 사람에 대한 인식을 노동력에서 인적자원으로, 그리고 육성하고 확보해야 할 것으로 고치려면 조직 관리방식에 대한 의식부터 변혁할 필요가 있다. 종래의 피라미드형 관리에서 현장 중심의 역피라미드형 관리로 발상을 뒤바꾼다는 뜻이다. 조직의 활성화에는 이러한 발상의 전환이 필수적이다.

한 사람 한 사람의 의욕을 토대로 활성화된 집단을 만들어 내려면 종래처럼 통제관리만 가지고는 되지 않는다. 뛰어난 현장근무요원들의 경험담에서 언제나 공통적으로 느끼는 점은 경영목표를 이해하고 거기에 바탕한 자율경영을 확고히 실천하고 있다는 사실이다. 주어진 일을 큰 과실 없이 하는데 만족하지 않고 일을 통해 자아실현을 꾀하려는 사람들이 늘어나고 있는 시대에는 자율의 중요성이 더욱 커진다.

단, 위와 같이 역전된 발상에 바탕하여 올바른 관리가 이루어지려면 그 전에 구성원들이 기업과 부(部), 점(店)의 원칙과 목표를 충분히 이해하고 납득하며 나아가 거기에 자신의 힘을 합쳐 행동계획을 세우고 실행하는 것이 필수적이다. 그러한 상황을 만들어 내는 것이 리더의 역할이며 그때 사용되는 중요한 수단이 바로 커뮤니케이션이다.

그러면 위의 내용을 전제로 하여 리더의 커뮤니케이션 방식을 생각해 보자.

① 위 → 아래의 커뮤니케이션

커뮤니케이션은 일방적이 아니라 쌍방통행적이어야 한다. 그러면 먼저 상부에서 해야 할 커뮤니케이션을 살펴보자.

결론부터 말하자면 모두가 경영목표를 실현할 수 있도록 합의를 만들어내는 것이 리더의 최고의 과제이다. 그러기 위해서는 먼저 경영목표를 명확히 하고 둘째로 그것을 조직안에 침투시켜야 한다.

제일 먼저 리더 자신이 단순한 계수 계획이 아니라 새로운 환경 속에서 어떻게 하면 고객지향의 업무체제 및 운영을 이룩할 수 있을까, 수익체질을 강화하려면 어떻게 해야 할까, 사람을 기르고 활성화시키는 풍토를 만들려면 어떻게 해야 할까 …. 등 제일의 직장을 만들겠다는 포부를 경영목표로 세워야 한다. 부하가 리더에게 가장 크게 요구하는 것은 구체적인 방향설정이다. 자신이 방향을 명확히 설정하지 못한다면 다른 사람에게 그것을 말할 수 없다.

다음으로 그 구체적 방향을 조직에 침투시키는 것이 리더의 중요한 커뮤니케이션이다. 커뮤니케이션이란 지시나 명령이 아니라 정보의 전달이다. 이야기만으로 사람들을 이해시킬 수는 없다. 또 사람이란 이해했어도 납득하지 못한다면 움직이지 않는다. 자신의 목표방향을 열정적으로 토로하고 모두가 이해, 납득하여 행동에 나설 때까지 지치지 않고 정보를 전달한다. 이렇게 합의를 만들어 내는 것이야말로 리더가 해야 할 최대의 커뮤니케이션이다.

② 아래 → 위의 커뮤니케이션

하부가 상부에게 해야 할 커뮤니케이션이란 보고, 연락, 상담 등이다.

보고란 부하가 일의 결과를 상부에 알리는 일이다. 리더는 부하에게 구체적인 목표를 세워 도전하도록 유도하며 그것을 지원하려는 자세를 갖춰야 한다. 일방적으로 지시하며 결과를 확인하지 않는, 말 그대로 실태 파악에 무관심한 리더가 있다면 보고라는 커뮤니케이션은 제대로 작동되지 않는다.

또, 연락이란 부하가 입수한 정보를 상부에 연락하는 일이고, 상담이란 업무뿐 아니라 사적인 어려움에 대해서도 의논하는 일이다. 이렇게 밑에서 위로 가는 커뮤니케이션이 원활해지기 위해서는 리더가 '듣는 귀'를 가지고 친절하게 대응하는 자세를 갖추어야 한다. 그렇지 않으면 모든 것이 헛수고다. 무조건 나무라지 않고 부하의 입장에 서서 문제를 해결하려는 자세가 있을 때 비로소 밑에서 올라오는 커뮤니케이션이 순조롭게 이루어진다.

결국 밑에서 위로 이루어지는 커뮤니케이션도 윗사람의 자세 여하에 따라 결정된다.

③ 원활한 커뮤니케이션의 토양 만들기

태어나고 자라온 환경의 차이는 당연히 가치관의 차이를 낳는다. 따라서 앞서 말한 업무상의 원활한 커뮤니케이션을 전제로 서로가 세대와 성의 차이에서 생기는 가치관의 차이를 이해하려는 노력이 필요하다.

외국 이민자들의 말에 따르면 외국인들 사이에서 성공하기 위해서는 자기주장이 있어야 할 뿐 아니라 상대의 가치관과 사고방식을 이해하려는 노력이 가장 중요하다고 한다. '하여간 대장은 머리가 케케묵어서 우리들을 전혀 모른다'고 외면하는 어린 사람들 앞에서 아무리 도리와 의무를 떠들어 봤자 헛수고이다. 나도 그런 경험을 몇 번 했다. 윗사람은 자기 입장에 얽매어 감정적으로 부정하려 들지 말고 새로운 것에 언제나 호기심과 흥미를 보이며 이해하려는 마음가짐을 가져야 한다. 세대와 성을 뛰어넘어 서로 이해가 깊어질 때 공감과 신뢰가 생기고 원활한 커뮤니케이션의 토양이 이루어진다.

앞에서 잠시 술자리에서 이뤄지는 커뮤니케이션을 이야기했지만 그것은 서로 깊이 이해할 수 있을 때 비로소 의미가 있다. 술자리에서 상사가 권위를 내세우며 버티고 앉아 노래방 마이크를 독점하는 어리석은 짓을 한다면 커뮤니케이션 자체가 망가져 버린다. 나부터도 반성해야 할 일이지만 말이다.

모두가 힘을 합쳐 발전하고자 하는 살아있는 인간집단을 만드는 일이야말로 커뮤니케이션의 최대 목적이 아닐까.

4) 목표관리방식의 도입

이미 말했듯이 질을 중시하는 경영으로 방향을 전환하기 위해서는 그 토양이라 할 수 있는 조직의 활성화를 꾀하는 일이 최우선이다. 다음으로 중요한 것은 그러한 경영방식의 내용을 확인하고 계획적으로 실현해 가는 일이다.

일반적으로 기업에는 장기계획과 그것을 실현하기 위한 단기계획이 있다. 하지만 계수 계획은 별도로 제외하더라도 그저 어쨌으면 좋겠다는 막연히 계획이 대부분이지 도달 목표를 정하고 그것을 실현하기 위한 계획, 이른바 목표관리방식을 취하는 계획은 드물다.

도달해야 할 목표가 명확하지 않다면 그 속에서 현재 시점을 파악하기도 어렵거니와 계획의 진전을 확인하거나 경영자원을 배분, 조정할 수도 없다.

장기계획이란 다음과 같은 의미를 가지고 있다.

- 기업의 장래 모습을 명시하고 공감대를 형성함으로써 사원의 의욕과 잠재력을 끌어내고 기업의 활성화를 촉진한다.
- 장래의 모습을 실현하기 위해 경영전략을 책정, 실시하고 경영체질을 계획적으로 재구축한다.

한마디로 말해 대규모 프로젝트를 계획적으로 추진하는 것이다. 목표를 명시하고 그것을 정해진 기간 안에 사원의 전원참가로 실현하면 일단 프로젝트는 완성된다. 그런 뒤 앞으로 다가올 새로운 환경에 발맞추어 다음 프로젝트를 시작한다. 이렇게 잇따른 프로젝트의 추진이 기업의 발전으로 이어지고 활성화를 더욱 강화시킨다. 경영이란 단순히 이러한 프로젝트의 연속이 아닐까. 그러면 은행경영에서 목표관리를 위해 필요한 점들을 알아보자.

① 기업이념의 구축과 명시

프로젝트를 추진할 때는 완성 그림(도달 목표)을 만드는 일을 빼놓을 수 없다.

- 은행은 무엇을 위해 존재하는가(존재의의)
- 사회와 지역은 은행에게 무엇을 기대하는가(사회적 역할)
- 어려운 시대에 살아남으려면 어떻게 해야 하는가(수익체질)
- 어떻게 하면 사원들이 보람을 느끼며 일할 수 있도록 기업을 변모시킬수 있는가(기업풍토)

이러한 관점에 서서 새로운 환경에 필요한 은행의 바람직한 모습을 명시한다면 사원들의 결집력을 이끌어낼 수 있다.

그러나 경영자가 이 일을 스태프들에게 맡기고 자신은 그저 인지하는데 머무른다면 경영목표는 단순한 슬로건으로 끝날지 모른다. 목표 명시는 경영자의 '결의 표명'이 되어야 한다. 꼭 해내야 한다는 경영자의 열의가 사원들의 공감으로 이어지는 법이다. 경영자 자신이 먼저 기업 혁신에 달라붙어 사내의 공감을 얻고자 노력해야 한다.

② 기업이념에 따른 조건의 확인

기업이념은 대개 추상적이다. 그래서 다음으로 해야 할 일은 경영목표에 어울리는 은행이 되려면 어떤 요건을 갖추어야 하는지 구체적으로 정리하는 것이다. 이를 통해 이상적인 목표를 명확히 그려 보일 수 있다.

경영자는 악보가 없는 오케스트라의 지휘자와 같다. 조건 정비는 자신의 지침서가 될 악보 만들기라고 할 수 있다. 아래에서 몇 가지 구체적인 요건을 들어 보자.

- 기능면에서 고객의 기호에 부응할 수 있는 체제는 어떤 것인가
- 활력을 낳고 집단의 힘을 결집하기 위한 기업풍토 와 조직방식은 어떤 것인가? 또 인재육성과 인간 경영에 입각한 기업

체질이란 어떤 것인가
• 환경 변화를 이겨내고 수익을 올리는 경영체질은 어떤 것인가
결국 미래의 이미지를 좀더 구체적이고 분명히 제시하여 사원들의 공감을 얻어야 한다.

③ 현상과의 격차 확인

더욱 구체적으로 이상형을 그리면 현상과의 격차를 확인하기 쉽고 해야 할 과제도 찾기 쉽다.

공동의 의식이라는 토대에 서서 각 부문이 중지를 모아 과제를 찾아나서야 한다. 종래의 관행이나 상식, 관례에서 벗어나 미래지향적이고 창조적으로 바라보라.

④ 과제를 해결하기 위한 구체적 방법

본래 무엇을 하는가 보다 어떻게 할 것인가가 더욱 중요한 법이다. 각 부문이 자사의 바람직한 모습을 향해 체질을 개선해 나가려면 과제를 해결할 수 있는 구체적인 방법을 갈고 닦아 마무리하고 무엇을 언제까지 할 것인지 구체적으로 정해야 한다.

장기 영업전략의 책정, 업무처리 체제의 재검토, 시스템 구축, 인사제도 재검토 등 각 부문의 낯익은 과제부터 접근하면 사원들의 의욕이 높아지고 개선에 대한 의식도 강화될 것이다.

구체적으로 방법을 세울 때에는 중요도에 따라 우선 순위를 매기고 언제까지 할 것인가(장기, 단기 구분), 실시에 필요한 경영자원을 어떻게 적절하게 배분할 것인가 등 종합적인 견지에서 조정, 결정해야 한다. 그것이 경영자가 해야 할 역할이다.

⑤ 실행과 사후대책

프로젝트를 추진할 때는 책임자에 의한 진척상황 확인과 문제점의 조기 해결이 중요하다. 목표를 달성하지 않으면 프로젝트는 아무런 의미도 없다.

지시만 하고 나머지는 부하에게 맡겨버리는 경우가 흔하게 일어나는데 책임자로 하여금 각 부문의 진척 상황을 수시로 보고하게 하여 프로젝트를 정확히 종합 관리하는 것을 잊어서는 안된다. 또 도중에 문제에 부딪쳐 좌절하는 경우도 많다. 그럴 때는 게으른 탓이라고 일방적으로 부하를 매도하지 말고 진지하게 의논하여 함께 문제해결을 꾀한다.

프로젝트는 완성되었을 때에만 의의가 있다. 따라서 어디까지 진척되었고 얼마나 성과를 올리고 있는지 정확히 확인하는 일이 무엇보다 중요하다. 그것은 반드시 성공하고 말겠다는 책임자의 열의가 있을 때에만 가능하다.

또 프로젝트가 완성된 뒤에는 공헌도에 따라 적정한 평가를 내려야 한다. 물론 그 일에 종사한 사람들에게는 성취감이라는 귀중한 재산이 쌓일 것이다. 그러나 올바른 평가는 사내의 사기를 올려 다음 프로젝트를 원활히 추진할 수 있게 만들어준다. 그러한 의미에서 올바른 사람 관리(인사관리)는 특히 중요한 경영상의 문제라 하겠다.

4. 영업점 경영방식 Q&A

Q ― 영업점은 질을 중시하는 자율경영을 해야 한다고 하는데 왜 그렇습니까?

은행경영은 예금 금리자유화, 자기자본비율 규제 등으로 종래의 양적 확대 정책을 변경하지 않을 수 없게 되었다. 앞으로는 한정된 경영자원(돈, 사람)으로 최대의 효과를 올리는 질 중시의 경영으로 돌아서야 한다. 특히 영업점에게 중요한 문제이다.

입지조건이나 점포의 질이 차이나는 데도 여전히 본부가 주도하는 획일적 영업정책을 버리지 않는다면 고도화, 다양화되고 있는 고객의 기호를 따라잡지 못한다. 각각의 점포가 입지조건에 맞게 독자적으로 활동하여 다른 은행과 차별화될 필요가 있다. 그것이 바로 자율경영을 문제삼는 이유이다.

그러나 오랜 기간에 걸쳐 실적 위주로 혹은, 본부에 의한 주도가 계속되어 왔기 때문에 앞으로 자율경영을 어떻게 뿌리내려야할지가 은행들마다 커다란 과제로 등장하고 있다. 증권회사도 마찬가지이다.

하루 빨리 자율경영의 노하우를 갖추도록 노력하라.

Q ― 그렇게 하려면 제일 먼저 무엇을 해야 좋겠습니까?

영업점이 일시적인 파견지라는 의식을 버려라. 자신의 점포가 하나의 회사이고 자신은 그곳의 경영자라고 마음먹어라. 분명 부임은 본부의 인사결정에 따른 것이지만 그렇다고 본부와 경영자의 눈치만 살피면서 일한다면 진심으로 따를 부하는 아무도 없다.

가장 먼저 해야 할 일은 은행 전체의 경영목표를 자신의 점포에 어떻게 적용할 것인지 고민해 스스로 구체적이고 현실적인 영업점의 미래상을 만들어내는 것이다. 예를 들어 모두가 생기있게 일하고 고객에게 만족을 주어 실적을 올리는 점포란 대체 어떤 것인지 이상적인 모습을 그려본다.

자율경영이 뿌리내리지 못했다는 이야기는 영업점에 바람직한 미래형 예상이 없다는 말이며 지점장이 그것을 만들지 못했다는 이야기이다. 도달해야 할 경영목표가 있다면 해야 할 일은 저절로 뚜렷해진다. 그러나 목표가 없다면 눈앞의 단편적인 일밖이 하지 못하고, 나머지는 모두 본부에 의지하게 된다. 그것이 정말 올바른 경영일까?

다음으로 중요한 일은 비전을 내부에 명시하고 이해, 납득시켜 전원으로 하여금 목표를 공유하게 만드는 것이다. 이는 지시나 명령이 아니라 설득과 교육, 토의에 의해 가능하다는 사실을 새겨두기 바란다. 공유한다는 말은 경영목표를 모든 사람이 함께 자신의 목표로 삼는다는 뜻이다.

그러기 위해서는 자신부터 이상적인 점포 만들기를 진심으로 받아들여야 한다. 그런 뒤에 기회가 있을 때마다 이 문제를 끈기 있게 이야기하여 공감대를 형성한다. 어느 누구도 새 지점장이 무엇을 생각하고 있는지 알지 못한다. 또 잘못 알고 있는 사람들도 있다. 따라서 이런 이야기들을 토론하는 일은 지점장이 자신의 포부를 널리 전할 수 있는 절호의 기회이기도 하다.

공식 자리든 비공식 자리든간에 차, 과장과 관리자 등 중견 핵심사원들에게 자신의 포부를 항상 이야기하여 동지를 만들고, 그들을 통해 일을 추진해 가는 것도 필요하다.

목표를 공유하게 되면 모든 사람이 그것을 실현하기 위해 무엇을 하면 좋을지 고민하고 실천에 나서게 된다. 이상적인 점포 만들기는 이렇게 모두가 힘을 합했을 때 비로소 가능하다.

'솔선수범'이란 지점장이 모든 사람과 똑같은 일을 한다는 뜻이 아니다. 자신의 역할을 진심으로 받아들이고 실천한다는 의미이다. 눈앞의 실적 즉, 예금이나 대출을 늘리는 일만 생각해서는 안된다. 종합적으로 이상적인 점포 만들기를 추진하는 것이 경영이다. 그러기 위해서는 반드시 구성원 전체의 힘을 빌려야 한다는 사실을 잊지 말라.

> **Q** — 이상적인 점포를 만들려면 다음으로 무엇을 해야 됩니까?

영업점 경영의 기본 목표는 활성화된 집단 만들기이다. 그리고 전원의 힘을 결집하여 이상적인 점포를 만드는 일이다.

실적은 그런 행동의 결과이다. 당장 눈앞의 실적을 올리기보다 실적을 올릴 수 있는 점포를 만드는 것이 진정한 경영이다. 2~3년이 걸려도 좋다. 도중에 자신이 전근을 간다면 다음 지점장에게 인계하면 된다. 다음 지점장에 가서야 결과가 나오는 그러한 일을 해보고 싶지 않은가?

지점장 한사람의 힘으로 모든 사람을 끌어당겨 실적을 올리기란 처음부터 무리이다. 지점장 본래의 역할은 영업점내의 한 사람 한 사람이 자신의 역할을 통해 스스로 점포 만들기에 참가할 수 있도록 동기를 부여하고 힘을 결집하게 만드는 일이다.

소집단활동을 활용하면 좋다. 소집단활동은 서로 협력하면서 과제를 해결하려는 것이므로 내부 활성화를 촉진하고 힘을 결집하는 데에도 유효하다.

지점장은 사람들에게 소집단활동이 현장의 개선뿐 아니라 활성화된 집단 만들기의 토대로서도 중요하다는 인식을 심어주고 스스로 활동을 적극 지원해 주어야 한다. 소집단활동은 지점 경영에, 또 지점장 자신에게도 크게 도움이 되는 활동이다.

Q ― 활성화된 집단을 만들려면 무엇을 하면 좋습니까?

지점장과 전직원이 공감대를 형성하는 것이 제일 중요하다. 그러기 위해서 지점장은 다음과 같은 마음가짐을 지녀야 한다.

① 신뢰받는 지점장이 되라

칭찬해주라는 등 여러 지침이 있지만 사람 경영에 잔재주는 통하지 않는다. 진심에서 우러나오는 행동이 무엇보다 우선이다.

말뿐 아니라 실제 행동으로 '책임은 내가 질 테니 안심하라'고 사람들에게 안도감과 신뢰감을 주어야 한다. 여차하면 먼저 몸을 피하는 식은 절대 안된다.

② 위대하게 되지 말라

상하관계만 가지고서는 공감을 얻지 못한다. 지점장은 '위대한 사람'이 아니라 '역할이 다를 뿐'이라고 생각하라. 어느 것이나 각자의 역할을 통해 힘을 합쳐 나아가는 '동등하고 수평적인 관계'로 여겨라. 부하는 '위대한' 상사에게 진심으로 따르려 하지 않는다. 위대한 사람이 있다면 공동작업도 잘 되지 않는다. 공동작업은 똑같은 동료라고 생각할 때 비로소 가능하다.

③ 명확하고 구체적인 목표를 부여하라

'해라, 해라' 하고 입으로만 떠든다면 아무 것도 하지 말라는 말과 같다. 지금 부하들은 변화하는 상황 속에서 어떻게 하면 좋을지 고민하고 있다.

④ 결단력을 갖춰라

하루하루가 변화의 연속이다. 새로운 사태에 어떻게 대응하는가는 지점장의 일이다. 평소부터 문제의식을 가지고 핵심을 꿰뚫기 위해 노력할 필요가 있다.

⑤ 부하가 일에서 자신감을 갖게 하라

실적이 나쁘다고 꾸짖기만 하면 그 사람은 차츰 위축되어 점점 더 쓸모 없어져 버린다. 거꾸로 자신감을 준다면 무능한 사람들도 의욕을 갖는다.

⑥ 부하의 괴로움을 자신의 괴로움으로 여긴다

사람을 기르는 일은 묘목을 키우는 것과 똑같다. 누구든 자신을 위해 목숨이라도 바치는 부하를 가지고 싶어한다. 그러나 부하의 괴로움을 알아주는 애정있는 상사만이 그렇게 될 수 있다.

되풀이해서 말하건데 활성화된 집단 만들기의 첫 걸음은 지점장과 모든 직원들이 일체감으로 묶인 관계를 형성하는 것이다. 모두가 공동작업의 일원으로서 일체감을 가지고 수평적인 관계로 일하는 이상적인 직장을 만들어 보라.

'위대한' 지점장이 아니라 매력있고 의지가 되는 지점장이 되어야 한다.

조직의 활성화란 신입 행원과 운전수에 이르기까지 점포의 모든 직원들이 공통 목표에 따라 스스로 자신의 역할을 다하는 집단을 만드는 것이다.

앞서 말했듯이 일체감 위에서 모두가 주역으로 행동할 수 있도록 점포를 운영해야 한다. 할당량보다는 각자가 자신이 납득한 목표를 세우고 거기에 도전하여 성취감을 맛볼 수 있도록 해야 한다는 말이다.

명령 밑에서는 성취감이 나오지 않는다. 공통의 목표를 납득하면 저절로 나 또는 우리들(팀)이 무엇을 하면 좋을지 생각하게 된다. 소집단활동을 통해 과제를 검토해도 좋다. 이때 과제는 억지로 정해진 할당량이 아니라 자신들의 목표가 된다. 책임자는 거기에 도전하는 일을 지원하면 된다. 도중에 벽을 만난다면 지점장과 리더가 친절하게 상담을 통해 해결해 준다. 정성어린 추적, 확인 작업은 지점장에 대한 신뢰감을 높이는 데에도 큰 몫을 한다.

목표를 달성한 뒤에는 정확히 평가하는 것이 필수적이다. '정확히' 란 순번을 붙이는 상대평가가 아니라 그 사람 나름대로 이룬 성과에 대한 절대평가를 뜻한다. 100의 능력을 가진 사람이 자신의 업무를 게을리 처리해 80의 성과를 거두었고 60의 능력을 가진 사람이 최선을 다해 60의 성과를 거두었다면 후자 쪽을 늦게 평가해야 한다. 이러한 절대평가가 사람을 기른다.

조직을 활성화하려면 지점장이 피라미드의 꼭대기에서 군림해
서는 안된다. 제일선을 중심에 놓고 지점장과 관리자는 밑에서
그들을 뒷받침하는 역피라미드형의 운영방식을 갖추어야 한다.

Q — 영업점 경영의 구체적 방법은 무엇입니까?

예전과 똑같이 반복하지 말고 '바람직한 점포만들기'라는 최종
목표를 달성하기 위해 과제를 찾아 계획적으로 해결해가는 이른
바 목표관리방식을 적용해야 한다. 단순한 개선에 머무르지 말고
창조적으로 새로운 점포를 만들어 가라는 뜻이다. 신설 점포를
생각해 보면 쉽게 알 수 있을 것이다. 개점이라는 공통 목표를 향
해 전원이 일심동체가 되어 개점일까지 점포를 꾸미는데 전력을
다하지 않는가. 여러분도 자기 점포를 새로 짓는다고 생각하라.

앞서 말한 바람직한 점포의 모습을 현실화시키려면 다음의 요
건이 필요하다.

① 현상 파악과 확인

바람직한 점포의 모습을 좀더 구체적으로 분석하여 몇가지
주제를 정한다. 예를 들어 수익체질, 내부 사무체제, 고객
만족도, 대출 등급, 내부 풍토 등이 있다.

주제를 정했으면 각종 자료를 활용하여 현상을 파악, 확인
한다. 예를 들어 내부 사무체제라면 검사 성적, 각종 사무성
적, 마감 시각, 사무 착오 발생 상황 등의 자료를 조사할 수
있다.

각 주제마다 현상을 파악하는 것이 제일 먼저 해야 할 일이
다.

② 이상과 현상의 차이 확인 (과제 발견)

말하자면 현상을 어디까지 끌어올릴지 확인하는 일이다. 이를 위해서 풀어야 할 과제는 무엇인지 찾아낸다. 주제마다 이상(목표)과 대비하여 해야 할 일을 찾아낸다.

③ 과제 해결

이는 과제를 찾아낸 뒤 해결책을 확정하고 실행하는 가장 중요한 단계이다. 이 때에는 누가 그 일을 할지 명확히 해야 한다. 다시 한번 점포의 역할 분담을 살펴보자.

- 점장, 차장은 점포 전체의 과제를 종합적으로 관리한다. 요컨데 점포 전체의 구체적 해결책을 확인하고 진척상황을 추적한다.
- 담당 관리자는 자기 부문의 과제를 어떻게 해결할지 고민하는 중심이 되고 동시에 해결책을 실행하는 리더가 되어 진척상황을 추적, 확인한다.
- 담당자는 부문의 목표에 따라 자신이 해야 할 목표를 잡아 해결한다.

이러한 역할 분담이 기본인데 경우에 따라 소집단활동을 활용하거나 특별팀을 편성해도 좋다.

또, 해결책을 입안하고 실행할 때에는 다음 사항에 유의하라.

- 전원이 참가해야 한다. 다른 사람이 무엇을 하고 있는지 잘 알아두는 것도 공동작업에서 필요한 부분이다.
- 실행 단계를 표로 만든다. 한번에 최종 목표를 이루기란 어렵다. 단계적으로 해결해 가는 방법을 고민해야 한다.
- 단계마다 목표, 달성 시기, 책임자를 정한다.

- 리더가 진척상황을 확인하여 문제가 생기면 조기 해결하고자 노력한다.

구체적인 예로 들어보면 〈표 4-2〉와 같다.

조금 더 설명해 보자. 질을 중시하는 경영의 관점에서 본다면 새로운 점포 만들기의 주제 가운데 하나인 수익체질 면에서는 일인당 수익증가가 과제이다. 이 문제를 해결하는 과정을 정리해보면 다음과 같다.

① 현상 파악 : 자기 점포의 추세를, 경쟁 점포와의 비교하여 수익성이 얼마나 나쁜가, 또 무엇이 나쁜가를 파악한다.

② 해결해야 할 과제 : 자산 증가와 생산성 향상이 과제라고 생각된다.

- 자산 증가 : 거래선을 중심으로 구체적인 방법을 검토한다. 어떤 대출과 예금을 얼마나 늘려야 할지 검토하고 계수 계획을 세운다. 이것을 바탕으로 추진 방법, 역할 분담을 결정하고 누가 언제까지 얼마나 할지, 계획적으로 협력할 수 있는 방법은 무엇인지 등을 결정하여 실행한다.

- 생산성 향상 : 어떻게 하면 조기귀가체제(내부 사무 효율화)를 실현할 수 있을지 관계자 전원이 구체적인 방법을 고민한다. 한 번으로 시제를 맞추거나 목표로 삼은 마감 시각을 달성하기 위해 해결해야 할 과제와 해결책을 찾고, 팀마다 목표를 세워 추진한다. 마감 후 사무처리의 효율화 등도 해결해야 할 과제이다. 이에 관해 점포내 지구센터 방식(마감 후 사무를 차장이 모아 처리 지침서를 붙인 뒤 모든 직원에게 균등 분배하여 처리한다) 등도 생각해 볼 수 있다. 이것이 가능하다면 시간제 근무도 고용 가능하다. 기능 향상, 호환성 향상도 해결 과제

이다. 관리자도 학습회나 연수를 어떻게 할지 함께 고민하여 일정과 실시 방법을 결정하고, 계획적으로 실행하여 실효를 거둔다.

다른 과제에 관해서도 이상과 같은 역할 분담에 따라 구체적인 해결책을 결정하고 목표를 세워 실행한다.

중요한 점은 지점장이 점포 전체의 계획을 충분히 파악하고 진척상황에 관심을 가지며 문제가 생기면 올바르게 풀어주는 일이다. 동시에 모든 사람들에게 전체 계획을 깊이 인식시켜야 한다. 점포 만들기는 하나의 거대한 프로젝트이다. 이를 계획적으로 추진하기 위해서는 전원이 전체 계획 및 그 속에서 자신들의 위치와 다른 사람들이 하는 일을 잘 알고 있어야 한다.

되풀이 말하지만 이상적인 점포 만들기는 전원이 협력하여 추진하는 거대한 프로젝트라고 생각해야 한다.

〈표 4-2〉 이상적인 점포 창조의 구체적 대책(비용을 늘리지 않고 줄이면서 한다)

경영과제 파악	현상 파악	해결과제	구체적인 실시책
○ 수익체질의 강화 (1인당 업무순익 증가) 1인당 자산(매출=예금) X 수익 (매출이율 - 예금이율 - 경비율)	과거 경영점포와의 비교	자산 증가(어떠한 매출 과 예금을 언제까지 얼 마나 늘릴 것인가) 생산성 향상	본부지시사항목 자점독자항목 } 이 선태에 바탕하여 제수제화→ 실시책 섬외업무 재검토 · 집금의 분담(문제점 해결책) · DM 활용 · 텔레포 세일즈 } 자점 독자적인 시책 · 섬외력 강화 마상 서비스 기능 < 구조 기능향상 내부사무 효율화(조기 마감) ○ 업무 처리의 평준화 →섬표네 지구센타방식에 의해 전원에게 균등배분 →퀴드(pert)화
○ 사무처리체계의 정비	검사 성적 자금 사무 성적 마감 시각 (시제가 맞지 않 을때의 상황) 사무 착오 발생 상황 } 등에서 본 문제점	관리자 점검 기능 향상 (본부의 역할을 인식)	· 가능향상, 호환성 (학습회 개최) · 본주함에서 해방 · 업무의 하무 이양 · 관리능력 향상(점검표를 작성) · 리더럽 교육 담당자의 수준 향상 · 누구를 어느정도로(계획관리) 사무처리 시스템 개선(NAC기법 활용) 문제를 조사하고 해결책 실행(언제까지 누가)

◦ 고객만족도(CS) 향상 내방객이 많아 섭외보다 일선의 접객이 중요 마음에 들어야 오는 시대	손님 대기시간의 현상 클레임의 현상 (실태파악이 되고 있는가) 고객의 기대에 부응하고 있는가 (모니터에 의한 조사) 점내 마화의 현상	바쁜 날의 사전통지와 대책 휴가(점심시간 포함) 대책 사무인원의 적정 배분 창구 응대의 수준 향상	누가 책임자가 되어 어떻게 할 것인가 (리더 회의 등을 활용) ◦ 기법 ◦ 의식 변혁 } 무엇을 하면 좋을까
불량채권 발생 방지	현상 확인 (관리회수) 발생방지	연체 감소책 불량채권 회수책 안건처리의 틀 (심사체계 정비)	◦ 기일 관리방식 검토 } 문제점 분석 ◦ 신속한 안건 처리 ◦ 누가 맡아 언제까지 무엇을 할 것인가 ◦ 누가 무엇을 (점장, 융자계, 섭외계 등 역할에 따른 수준 향상책)
활성화된 풍토 만들기	커뮤니케이션 상황 (불평불만 상황) NAC 활동 상황 제안상황 상사에 대한 신뢰도 (부하의 기대에 부응하고 있는가) 활기찬 분위기인가	저해 요인의 발견	저해 요인의 해결책

마지막으로 지점장이 수행해야 할 역할을 다시 한번 총괄해 보겠다.

① 자기 점포의 목표를 명시한다. 나아가 전원이 그것을 공유하며 목표 달성에 협력하도록 만든다. 요컨데 나아갈 방향을 명시하고 그것을 전원이 자신의 일로 이해, 납득하게 만든다.

② 주제 하나 하나에 대해 '무엇을 얼마나 언제까지 어떻게 해서 한다'는 목표를 명확히 한다. (담당자를 참가, 납득시켜 계획을 잡는다)

③ 누가 맡고 누구와 함께 할 것인지 역할분담을 분명히 한다. (계획 절대완수를 위한 조건 정비)

④ 마음대로 하라고 맡겨 버리지 말고 진척상황을 수시로 파악하여 과제와 문제점의 조기해결에 힘쓴다.

⑤ 성과를 확인하고 올바르게 평가한다.

영업점이야말로 은행의 핵심부서이다. 영업점의 능력 차이가 곧 바로 은행의 차이가 됨을 명심하라. 최소의 경영자원으로 최대의 성과를 올릴 수 있도록 경영자원(사람) 투입을 재검토하여 전원이 새로운 은행 만들기에 참가하도록 해야 한다.

제5장

은행경영의 제반문제

- 리스크 관리 -

1. 경영 리스크의 관리

거품경제의 붕괴로 은행은 엄청난 불량채권을 안게 되어 거액의 보유주식을 상각하지 않을 수 없게 되었다. 물론 주식상각은 일종의 내부보유이기 때문에 앞으로 주식 시세의 회복에 따라 이익을 낳는 원천이 될 수도 있다. 또 대출 상각이 얼마나 될지는 모르겠지만 내부보유의 크기로 보아 적어도 은행에서는 그것이 경영을 위기로 몰아넣는다고 볼 수 없을 것이다.

맥킨지 그룹의 야스다(安田隆二) 씨가 토끼와 거북이와 풍향닭(역주:바람의 방향을 알리는 닭 모양의 풍향계)이라는 재미있는 비유를 한 적이 있다.

토끼형 은행은 80년대에 증권시장의 번영과 국제화를 예견하고 새 분야에 재빨리 뛰어든 곳이다. 그래서 거품경제 시기에 부동산, 논뱅크 대상 대출과 증권투자에 전념함으로써 금융시장의 상승세를 타고 자금량이나 수익면 모두에서 호조를 보였다. 하지만 이를 너무 과신한 나머지 리스크 관리를 잊고 잠들어 버린 결과 눈을 떴을 때에는 불량자산의 누적, 대량의 주식상각이라는 상처를 입었다. 게다가 거품경제의 주범이라는 비판까지 받고 있다.

이에 비해 거북이형 은행은 오로지 전통적인 예금과 대출업무에 전념하여 거품경제의 붕괴 뒤에도 후유증이 적어 견실하다고 칭찬을 받는 곳이다.

그러나 일정기간의 자산 수익과 손해 등 종합수지를 계산하면 반드시 어느 쪽이 나았다고 속단할 수 없다. 앞으로 리스크에 어

떻게 대응하고 경영의 유연성을 얼마나 발휘하는가에 따라 상황
이 바뀔 수도 있기 때문이다.

야스다 씨의 비유를 빌어 격동기의 기업 경영방식을 생각해 보
자. 토끼형은 환경 변화에 따라 부채를 짊어지기 쉽지만 그렇다
고 거북이형이 최선의 방식은 아니다. 현대 사회는 격변하는 환
경을 무시하고 내 마음대로 밀고 나갈 수 있을 만큼 쉬운 곳이 아
니다. 은행을 예로 들어보자. 금융자율화의 진전은 경영 환경의
악화를 뜻하는데 이를 무시한다면 또다른 경영 리스크를 낳게 될
것이다.

토끼형도 실제체험을 통해 '왜 끝까지 리스크를 염두에 두지
않았던가' 라는 교훈과 경험을 배운다면 새로운 시대에 맞는 리스
크관리에 대한 중요성을 인식하고 대응책을 강구할 것이다. 역설
적일지 모르지만 아픔이라는 비싼 수업료가 그 뒤의 재건을 가져
온 예도 많다. 따라서 지금 비판의 표적이 된 은행은 이것을 거울
삼아 참된 초우량 은행(Excellent Bank)으로 성장할 가능성도 적
지 않을 것이다.

그러면 앞으로 가장 올바른 경영방식은 무엇인가?

역시 야스다 씨가 말한 풍향닭형 경영방식을 예로 설명할 수
있다. 시대의 흐름을 적극 받아들인다면 그동안의 경험에 바탕으
로 시대환경의 변화와 문제점을 빨리 알아차릴 수 있다. 그러면
민감하고 유연한 시책을 펼쳐 리스크도 사전에 방지할 수 있다.

이렇게 생각하면 은행 경영에서 중요한 것은 경영 리스크(풍향
의 변화)를 빨리 예견할 수 있고 그에 따라 민첩하게 방향을 전환
할 수 있는 틀을 마련하는 일이다.

요즘에는 은행도 ALM을 비롯한 시스템 정비가 상당히 진척되

어 데이타를 수집하고 분석하는 일이 쉬워졌다. 그러나 지금은 과거의 데이타만으로는 예측할 수 없는 변화가 일어나고 있기 때문에 올바른 시뮬레이션에 의해 대담하게 판단해 볼 필요도 있다. 나아가 경영진은 일부 사람들이 느끼는 막연한 불안감도 놓치지 말고 포착해야 한다.

말은 쉽지만 그러한 틀을 어떻게 만들 수 있겠느냐고 반문하는 사람도 있을지 모른다. 물론 쉽지 않은 일이다. 그러나 필요성은 모두가 절감하고 있다. 이런 능력을 키우기 위해서는 첫째로 문제의식의 촉수를 항상 곤두세워 남보다 먼저 변화를 알아낼 스 있는 스태프를 기른다. 변화를 포착하는 것은 과학적인 시스템과 데이타 정비뿐 아니라 사람들의 경험과 의식이다.

둘째로, 회사측이 유연하게 대응해야 된다. 사람들이 문제점을 찾아내도 회사가 그것을 곧바로 받아들이고 대책을 세우지 않는다면 아무런 소용도 없다. 따라서 스태프뿐 아니라 경영진에게드 문제의식과 리스크를 사전에 방지할 수 있는 유연한 견식 그리그 판단력이 필요하다. 또 위기가 느껴질 때에는 당장 의논에 들어갈 수 있도록 경영진이 활성화되어 있어야 한다.

리스크가 일어난 뒤라면 이미 늦다. 그러나 예측하기도 결코 쉽지 않은 일이다. 뒤늦게 이번 거품경제의 교훈을 정리해 보면 아래와 같다.

① 좋은 일은 영원히 계속되지 않는다.

산이 있으면 반드시 골짜기가 있다. 내가 외국부장, 경리부장을 지내는 7년 동안 오일쇼크가 두번 있었다. 금리도 두 차례나 급격한 하락과 상승을 되풀이했다.

이러한 경험을 통해 스태프(딜러)는 전향적이고 적극적인 대신 부장인 나는 손실 방지(리스크 관리)에 치중해야 된다는 결론을 얻었다. 역할이 다르면 판단의 토대가 되는 정보의 질도 달라진다. 따라서 서로 다른 판단을 종합하여 가장 올바른 판단을 내리고자 노력했다.

최대의 이익만을 추구하는 자세는 위험하다. 순풍을 탈 때도 만약 역풍에 휩쓸리면 내 힘으로 그 손실을 감당할 수 있을지 생각하면서 행동해야 한다.

② 현상을 올바로 파악하라

업무가 방대해지고, 다양화함에 따라 회사의 현상을 올바르게 파악하는 일이 어려워졌다. 주식을 비롯한 통계 숫자만 가지고는 지금의 풍속을 알아낼 수 없게 된 것이다.

그러나 거품경제의 붕괴를 통해 많은 회사들이 경영에 가장 큰 영향을 주는 것이 무엇인지 찾을 수 있게 되었다. 그렇게 찾아낸 과제를 중심으로 적시에 현상을 파악하고, 예측과 판단을 바탕으로 올바르게 대처할 수 있는 구조를 만들어야 한다. 경영진 쪽에서 먼저 문제 제기를 하는 것도 필요하다.

곧장 손을 써야 하지만 대응 방법이 없는 경우도 많을 것이다. 그러나 현상을 파악하고 있는 것과 그렇지 못한 경우 대응에는 커다란 차이가 생긴다.

③ 방침을 철저히 명시하라

뒤에 와서 이러쿵 저러쿵 말하긴 쉬워도 추적, 확인 과정에서 브레이크를 잡기란 현실적으로 어려운 일이다. 여기에서 멈췄다가 뒤떨어지면 어쩌나 하는 불안도 있을 것이고, 사람들마다 견해가 달라 방향잡기가 어려울 수도 있다. 그러나 손실이 발생했을 때 위험을 생각하면 어떻게 될 것이라는 안이한 마음가짐은 금물이다. 나의 쓰라린 경험에서 나오는 충고다.

일의 중단은 상부의 지시가 없으면 불가능하다. 따라서 대규모 집단의 방향을 바꾸는 것도 쉽지 않지만 무엇보다 큰 문제는 최고 경영자가 어떻게 방향을 잡고 있느냐이다.

말은 쉬워도 실행은 어렵다. 오늘날 일본의 은행 앞에 놓인 어려움은 그것을 증명한다. 그러나 역사의 커다란 교훈으로 미뤄보아 격동기에는 풍향닭 형태의 유연한 경영구조를 갖추어야 한다는 것은 틀림없다. 거듭 말하지만 제일 중요한 요소는 변화를 보는 경영자의 자세, 나아가 견식과 판단력이다. 지금은 경영자의 질이 정말 중요한 시대이다.

경영 리스크는 이외에도 많이 있다. 금융사고나 폭력단 개입, 컴퓨터 다운을 비롯한 시스템 리스크 등 담당 부문과 현장만으로는 처리할 수 없는 문제도 많다. 지금은 누구도 앞으로 무슨 일이 일어날지 예측할 수 없는 시대가 아닌가.

미리 경영 리스크에 대응하는 틀을 만들어 정보를 일원적으로 수집하라. 그것이 바로 리스크를 올바르게 대응할 수 있는 체제이다.

2. 신용 리스크에 대한 대응

대출을 본업으로 하면서도 은행원의 융자 판단능력은 그렇게

좋지 않은 것이 현실이다. 판단능력은 집단 연수에서 습득할 수
도 없으며 매뉴얼화 하기도 어렵고, 오직 개개인의 학습에 달려
있기 때문이다.

특히 거품경제 아래에서는 지가와 주가가 오랫동안 일방적으로
치솟았기 때문에 융자해 줄 때 거의 담보만 보는 경향이 생겼다.
그래서 본업인 융자 판단능력의 함양은 차츰 한 귀퉁이로 밀려나
는 결과가 되었다.

거품경제의 붕괴와 함께 지가, 주가가 하락하자 담보 대신 기
업 자체의 견실함을 보는 눈이 다시 부각되었다. 은행들도 심사
부문을 영업부문에서 분리하여 강화한다거나, 위험기업을 조기
에 발견하기 위해 시스템의 정비와 개인 론의 체크 관리시스템
등을 정비하고 있다. 나아가 개별기업 관리뿐 아니라 업종별 융
자 밸런스와 거액 집중 대출 배제 등 종합적인 배려도 필요하게
되었다.

심사 부문에서는 스태프의 기능 향상과 이를 보완하기 위한 시
스템 면의 정비 · 융자 기획과 실행 뒤의 관리체제 등 본래의 기
능을 정비, 강화할 필요가 커졌다.

영업점 스태프들의 대출 판단능력을 향상시켜야 하는 이유는
더이상 담보에 의존할 수 없으므로 직원들에게 판단력이 없으면
융자 신청에 소극적이 되어 대출 운용이 둔화될 우려가 있기 때
문이다. 이러한 배경으로 영업점 스태프들의 심사 능력 향상은
은행 경영의 중요한 과제로 등장하게 된 것이다.

심사에서는 경영자 개인의 경영 능력, 인품이나 업종의 장래성
등을 판단하는 것도 중요하지만 기본은 재무 데이타에 의한 기업
분석이다. 심사능력은 성격상 스태프들 스스로 실제 사례 속에서

체험을 쌓아 판단 기준을 세울 수밖에 없다. 따라서 관리자들은 부하 스스로 이러한 판단 기준을 만들도록 의도적으로 일을 맡겨야 한다.

나도 심사 부문에서 일을 할 때 내 나름의 판단기준이 필요한 기업 분석을 수없이 해보았다. 또 영업점 스태프들에게 융자에 관한 연수를 하기도 했다. 그 과정에서 수박 겉핥기 식의 지침서는 실전에 거의 도움이 되지 않는다는 사실을 깨달았다. 기업 분석력이란 쉽사리 습득되는 것이 아니다. 최선의 길은 일정한 순서에 따른 케이스 스터디를 거듭하는 것이라 생각한다. 너무 오래된 것이어서 쓸모가 있을지 모르겠으나 20년 전 쯤 만든 케이스 스터디의 기준을 소개할테니 참고하기 바란다.

첫째, 실적 분석 순서. 이는 의사가 건강진단으로 병의 근원을 찾아내듯 기업의 병을 찾아내려는 목적으로 기업을 분석하는 절차이다.

둘째, 차입 신청금의 실태 파악 순서. 자금 부족은 같은 형태라도 어음결제자금 부족과 급료지불자금 부족 등 내용은 갖가지이다. 그 내용에 따라 상환 자원도 다르다. 따라서 구체적인 자금부족의 내용을 잘 파악하는 것이 무엇보다 중요하다.

너무 많은 것을 욕심내지 말고 적더라도 가장 기초가 되는 이 두가지 사항을 연구하는 것도 판단 능력을 키우는 데 도움이 될 것이다.

실적 분석 순서

실적 수준, 문제점, 원인의 연구

1. 회사의 실적이 좋은가 나쁜가(문제 파악의 요점)
(1)기(期)마다 커다란 변화는 없는가
(2)기(期)가 지날수록 실적이 악화되는 경향인가. 그렇다면 악화 정도는 어떤가
(3) 업계 수준과 기업 규모로 보아 실적 수준이 너무 낮지는 않은가

실적 추이를 판단하는 순서
(1)총자본 이익율의 추이를 비교 검토한다
(2)업계 평균, 동 업종 타 회사와 비교한다
(3)필요 이익율과 비교한다

2. 실적 악화의 원인은 어디에 있는가 (원인 분석)

분석의 요점
(1)실적이 나쁜 원인으로는 ① 투자 자본의 회전율 둔화 ② 낮은 이익율을 들 수 있다.
(2)따라서 실적이 낮은 원인을 분석하려면 회전율이 나쁜지, 이익율이 낮은지를 철저히 조사한다.

분석 순서
(1)총자본 회전율을 시기마다 비교하여 악화 경향은 아닌지(특히 실적이 좋은 기와 비교하여), 업계 평균과 동 업종 타 회사보다 어느 정도 나쁜지 확인한다.

(2)다음에는 자산 가운데 주요 항목인 고정자산, 재고자산, 매상채권의 회전율을 시기마다 비교하여 앞서 말한 회전율 악화의 원인이 어디에 있는지 확인한다.

(3)악화 원인에 따라 각각 구체적인 내용을 조사한다.

• 고정자산 회전율이 둔화되었을 때
  - 과잉설비는 아닌가
  - 불필요한 자산이 많지 않은가

• 재고자산 회전율이 둔화되었을 때
  - 과잉재고는 아닌가(원자재, 설비, 제품)
  - 계절적 요인인가, 불량재고인가
  - 분식은 아닌가

• 매상채권 회전율이 나쁠 때
  - 판매조건이 악화되지 않았는가
  - 불량채권이 발생하지 않았는가
  - 가공매상 등 분식은 아닌가

(4)이렇게 악화 원인을 판명했을 때에는 앞으로 그 원인이 하소될 전망이 있는지 조사한다. 아울러 회전율 악화의 피해가 자금면 어디에 영향을 주고 있는지 조사 · 검토한다.(자금운용표 작성 등)

3. 매출액 이익율(이윤) 분석

분석의 요점

(1)실적 저하의 주원인은 이윤 감소에 의한 경우가 많다.

(2)이윤의 감소 원인으로는 ① 매출액 자체가 떨어져 이윤이 감소하는 경우 ② 매출액은 순조롭지만 코스트 상승으로 이윤 폭이 줄어드는 경우로 구별된다.

(3)매출액 이익율 추이를 조사하고 구체적인 상황을 포착함과
동시에 원인, 앞으로의 전망 등을 조사한다.

분석 순서

(1)매출액 분석

a. 매출이 왜 악화되고 있는가 : 그 원인을 조사할 때에는 제일
먼저 시장 상황의 악화(판매단가 저하)에 의한 것인지, 아니
면 판매 수량의 감소에 의한 것인지 조사한다.

b. 이를 조사하려면 매출액(수량×단가)을 판매 수량과 판매 단
가, 두 가지로 나누어 각각의 추이를 살펴보고 매출액 악화
의 원인이 어디 있는지 파악한다.

c. 악화 원인이 업계의 일반적 경향인지 내부 사정에 의한 것인
지 조사하고 앞으로의 전망을 세운다.

> ┌ 판매 단가 하락 : 불황, 생산 과잉
> └ 판매 수량 감소 : 불황, 시장 점유율 후퇴

(2)이익 내용의 분석

a. 이익의 감소 요인으로 앞서 말한 매출액 감소 외에 이익율
저하도 있을 수 있다.

b. 매출의 총이익율, 영업이익율, 경상이익율의 추이를 조사하
여 이익율 저하가 제일 심한 부분이 어디인지 확인한다.

c. 이익율의 내용에서 코스트 상승의 원인이 대략 어디에 있는지
파악한 뒤에 코스트 상승의 내용, 앞으로의 전망을 세운다.

• 제조원가 검토 : 매 기마다 단위당 원가 구성요소(재료비, 노
무비, 상각, 기타 경비)를 산출, 비교 검토하여 원가 상승의 원
인을 밝힌다.

• 일반 관리판매비 검토 : 제조원가에 준해 분석, 검토한다

• 금융비용 검토

d. 앞의 분석 외에 이익율이 극히 낮은 곳이나 적자 회사 등에 관해서는 손익 분기점도 검토해야 된다.

차입 신청금의 실태 파악

1. 사전 지식

(1)평소 이 회사는 운전자금, 장기자금을 비롯하여 전체적으로 어느 정도의 자금을 필요로 하는가

• 신청받은 차입금의 내용을 조사하기에 앞서 회사의 운전자금의 기본 규칙은 어떻게 되어 있는지 예비조사한다.
  ┌ 대차대조표를 통해
  └ 필요사항을 청취해서

• 평상시 정상운전자금은 얼마나 필요한가

(기초 지식)

• 기본적인 운전자금 산출방식을 익혀둘 것
  ┌ 최소한 어떤 사항을 조사해야 하는가
  └ 기초 사항을 사용하여 어떻게 계산하면 좋은가

• 운전자금의 기초가 되는 사항이 달라지면 운전자금 소요액은 어떻게 달라지는가
  ┌ 매출이 증가(감소)한다면
  ├ 판매 조건, 매입 조건이 달라진다면
  └ 재고가 증감한다면

(2)필요자금의 내용은 무엇인가, 또 어떤 방식으로 조달하고 있는가
- 회사의 자금조달 내용으로 보아 운전자금, 설비자금과 그밖의 자금이 각각 어느 정도라고 생각되는가
- 자금이 성격에 따라 각각 적정한 방법으로 조달되고 있는가

(기초 지식)
- 자금의 운용, 조달 상황을 조사하려면 어떻게 해야 할까
  - 대차대조표에서 특정 시점의 운용 상황을 본다
  - 일정 기간의 자금 운용표를 만들어 조사한다
- 운전자금 이외의 자금에 관해 소요액 및 운용 상황의 적부를 판단하려면 어떻게 해야 할까
  - 운용표 등에서 자금 조달 총액을 파악하고 적정한 운전자금 소요액을 뛰어넘는 부분은 어디에 사용되는지 본다
  - 설비자금, 적자자금 등 운전자금이라 할 수 없는 자금이 너무 많지 않은지, 또 적정한 조달 방법으로 조달되고 있는지 본다

(3) 당사의 자금 조달 방법에 무리나 문제점은 없는가. 또 개선 목표는 있는가
- 운전자금 운용에 낭비는 없는가. 매출채권, 재고 등이 필요 이상으로 많지 않은가
- 장기자금(숨겨진 부분을 포함하여)의 내용에 문제는 없는가

(기초 지식)
- 운전자금이라 할 수 없는 자금을 어떻게 파악할 수 있는가, 또 조달 상황의 적부를 어떻게 판단해야 하는가
  - 고정자산 투자 상황뿐 아니라 장기자금에 속하는 것으로는 투자자금, 불량채권, 불량재고, 적자자금 등이 있다.

├ 이들 자금을 조달하기 위해 운전자금을 유용하고 있을 때
  그 악영향이 언제 드러나는가, 드러났을 때에는 어떻게
  하는가
└ 장기투자를 앞으로 상환, 흡수할 수 있는 능력이 있는가

2. 차입 신청금의 검토

(1)목적이 특정한 자금은 그 내용의 적부를 검토하면 되지만
  불분명한 경우에는 참된 목적이 무엇인지 조사한다.
• 회사의 운전자금 규칙에 무슨 변화가 생겼는가. 매입과 판매
  쪽은 어떤가. 재고는 어떤가
• 매출 감소, 이익율 저하 등에 의해 적자가 발생되지 않은가
• 기존 차입금의 상환이 어려운 것은 아닌가. 그렇다면 앞으로
  어떻게 하면 좋겠는가
(기초 지식)
• 차입의 원인을 분명히 하려면 어떻게 하면 좋을까
  차입이 필요한 경우를 충분히 파악하여 어디에 해당하는지
  거꾸로 끼워맞춰 보는 것도 한 가지 방법이다.
매출 증가(감소), 매출 회수 둔화, 지불 단축, 설비, 적자 ….
(2)상환 자원(=담보)은 무엇인가. 또 회수 가능성은 어떤가
• 자금 용도로 보아 차입금의 상환 자원은 무엇인가
• 상환 자원의 실현 가능성은 어느 정도인가
┌ 예상이익이 회수 자원이라면 앞으로 일정 기간 내에 이익을
  올릴 가능성은 있는가
└ 재고자금(계절 매입)이라면 수요기의 예상 매상과 그 가능
  성은 어느 정도인가
(기초 지식)

- 본래 기업에서 차입을 필요로 하는 이유는 미실현자금이 자금화될 때까지 간격을 메꾸기 위해서이다. 따라서 차입의 상환 자원은 본래 그 미실현자금(=담보)이라 할 수 있다.
- 따라서 특정 상환 자원(예:불요자산 처분대금 등)이 있을 때를 제외하고 그렇지 않을 때에도 반드시 용도에 따른 회수 자원을 생각할 수 있다.
- 자금용도에 따른 담보는 무엇인가, 또 담보의 자금화 가능성은 어떤가를 검토함으로써 회수 가능성을 판단할 수 있다.
  - 설비자금 : 이익
  - 재고자금 : 매출, 회수

대출금의 회수 자원 (담보)

대출이란 기업의 미실현자금이 실현될 때까지의 기간을 일시적으로 메꿔 주는 것이다. 따라서 대출할 때에는 자금의 용도와 그에 따른 회수 자원을 확인할 필요가 있다.

- 자금 용도의 확인 : 표면적인 용도(예를 들어 외상지불용 지급어음 결제)가 아니라 진짜 용도를 확인한다.
- 회수 자원의 확인 : 용도에 따라 회수 자원도 달라진다(〈표 5-1〉 참조). 따라서 증자, 불필요한 자산 처분 등 특별한 회수 자원이 있는 경우는 별도로 하고 그렇지 않은 경우에는 용도에 따른 회수 자원의 내용을 충분히 확인하여 회수 가능성을 검토한다.

〈표 5-1〉 자금용도에 따른 회수자원

자금용도	형태	회수 자원(담보)
설비자금 창업자금	본래 자기자금(자본, 내부유보)으로 조달해야 할 성격의 자금으로 그 부족분을 차입한다.	설비회전, 영업활동 개시 후 발생할 수익
적자자금	불황 · 경영 실패 등으로 손실이 생겼을 때에는 당연히 그 적자에 해당하는 차입이 필요(성격상 자기자금으로 조달하기 어려운 경우가 많음)	장래의 경기회복이나 사업재건에 의해 발생하는 수익
투자자금	자회사 · 관련 회사에 대한 투자와 융자. 자기자금으로는 부족한 부분이 차입으로 충당된다	장래의 이익
결산자금	배당 · 직원 상여금 · 세금 같은 결산지출 자금은 이미 계상된 이익에 의해 조달해야 하겠지만, 이익이 자금화되지 못한 경우에는 (외상이나 어음으로 유보) 자금화 될 때까지 차입할 필요가 생긴다	외상, 어음 등으로 유보된 이익의 자금화
재고자금	어떤 이유에 의해 재고가 증가하여 자금이 필요	증가 재고의 처분
외상매상자금	어떤 이유에 의해 외상 판매가 급증한 경우	외상대금의 회수
누적운전자금	기업이 영업활동을 계속하는 한 일정 수준의 원자재 · 재공품 · 외상대금의 발생은 불가피하다. 이들 차입은 운전자금이므로 누적이 된다. 본래 이 자금은 지불채무(외상매입. 지급어음)로 전가하고 부족분은 자기자금(자본. 내부유보)으로 조달해야 할 성질의 것이다.	외상판매, 재고 감소 등 운전자금 감소원인이 없을 때에는 수익

〈표 5-2〉 단기차입금 취급의 주의점

자금수요는 과거의 왜곡된 재무상황에서 생기는 경우가 많으므로 적의(適宜) 자금운용표 등을 통해 실태를 규명할 필요가 있다. 단기자금 차입 신청에도 아래와 같이 단기에 회수할 수 없는 것들이 있으므로 주의해야 한다.(장기자금 대출과 마찬가지로 취급할 것)

자금 수요의 원인 (단기자금 대출로 취급한다는 점에서 주의할 사항)	
보통 할인이 늘어난 기간에만 필요하지만, 생산기간이 길거나 재고자산이 많은 업종일수록 단명차입(單名借入)이 필요하다.	1. 매출이 어느 정도 늘어났는가 2. 매출이 늘어났기 때문에 당연히 자금수요도 늘어난 것은 아닌가 (종전의 매상채권·5재고자산의 회전율보다 악화되었을 때에는 단순히 매상 증가에 따른 자금수요뿐이라 볼 수 없다)
재고가 발생한 뒤 감산으로 나아가는 것이 보통. 재고 처분에 따라 삭감	1. 재고는 어떤 방법으로 감소될 전망인가 2. 정리할 수 없는 재고는 아닌가(불량재고가 있으면 단순한 감산자금이라 할 수 없다)
매출채권이 크게 늘면 자금 수요가 생긴다	1. 매입채무로 전가할 수 있는가 2. 회수 둔화가 해소될 전망이 있는가(단기내에 해결 불가능한 경우가 많다)
매입채무용 자금조달이 줄어들면 차입금으로 보완할 필요가 생긴다.	1. 매상채권의 회수를 서두르는가 2. 일반적인 현상인가 3. 코스트 삭감에 의한 이익 증가로 기간내 차입금 상환이 가능한가

원래 모두 단기자금으로 취급할 수 없는 성질의 것이다.
장기차입
불요자산 처분 } 등과 관련된 대출일 때만 단기대출 가능
증자
이 밖의 경우에는 회수자원이 상각, 내부유보 등일 때의 이익뿐이다. 장기자금 대출의 경우와 마찬가지로 이익에 비추어 상환능력, 채권보전 등을 고려할 필요가 있다.

〈표 5-3〉 단기단명의 차입 필요원인 분석

계절자금처럼 용도가 뚜렷한 것이 아니라 일상적인 자금부족에서 단기단명(單期單名)의 차입을 필요로 하는 경우에도 그 근본을 잘 분석해 보면 아주 다양하다.

자금운용의 표면적 표현방식			
1.매출 증가	매출채권 60 재고자산 20 현 예금 6	매입채무 34 단기차입 52	
2.매출 감소	매출채권 −20 재고자산 25	매입채무 −15 단기차입 52	
3.매출회수 둔화	매출채권 50	단기차입 52	
4.지불단축		매입채무 −10 단기차입 52	
5.설비자금 조달부족	고정자산 40	감가상각 15 내부유보 8 장기차입 12 단기차입 52	
6.능력을 뛰어넘는 장기차입금 상환	장기차입 상환 30	감가상각 15 내부유보 8 단기차입 52	
7.적자경영		자본주 계정 감소 −30 감가상각 10 단기차입 52	

3. 기업 이미지의 확립

오늘날 기업 이미지는 점점 중요시 되고 있다.

옛날에는 물자 자체가 모자랐기 때문에 고객은 평판이 나쁘거나 점원이 마음에 들지 않아도 물건을 손에 넣을 수만 있다면 만족했다. 그러나 물자가 풍부해진 지금은 '나에게 얼마나 도움이 되는가' 라는 관점에서 상품과 서비스를 요구하기에 이르렀다. 게다가 남녀 노소의 차이뿐 아니라 사고방식과 생활의 차이에 따라 요구하는 물자도 다양해졌다. 이러한 변화는 시대의 흐름에 따라 더욱 본격화될 것이다.

이러한 현대 사회에서 고객은 획일적으로 제공되는 상품과 서비스 가운데 그저 단순히 선택하는 것이 아니라 스스로 자신의 기호를 충족시켜 줄 수 있는 곳을 찾아나서게 된다. 어디에 가면 무엇을 손에 넣을 수 있다는 예비지식이 구매행동을 크게 좌우한다. 따라서 좋지않은 이미지를 가진 점포나 기업 이미지가 나쁜 쪽으로는 자연히 발을 끊게 된다. 반대로, 예를 들어 '젊은층 대상, 고객 본위의 정보서비스' 라는 이미지가 확립된 기업이 있다면 이곳으로 고객이 몰린다. 이런 현상으로 특히 젊은이들을 고객층으로 하는 기업들이 이미지 확립에 힘을 쏟는 것은 당연하다. 감성파라고 분류할 만한 새로운 세대들이 증가하고 있다는 점에 비추어 앞으로는 어떤 기업이건 젊은 층의 구매기준에서 중요한 역할을 하는 기업 이미지 확립에 중점을 두어야 할 것이다.

또 기업 이미지의 확립은 기업 사이의 경쟁이 심해지면서 상품, 서비스의 균질화가 진행되는 가운데 다른 회사와 차별화를 꾀하는 데에도 중요한 의미를 가진다.

기업 이미지는 기업 스스로 만들어 가야한다. 우리도 아시카가 은행의 CI계획을 추진한 바 있다. 그 경험을 살려 기업 이미지 만들기에서 유의할 점을 정리해 보자.

1) 기업이미지 만들기의 유의점

① 기업이념의 재확인과 공유화

물론 기업마다 사훈과 경영방침이 있을 것이다.그러나 그와는 별도로 새 시대를 맞아 사회가 요구하는 기업의 역할은 무엇인가, 사회에 이바지하려면 어떤 기업이 되어야 할까라는 관점에서 자기 회사의 바람직한 모습(기업이념)을 다시 한번 확인하고 사원 전체가 그것을 통일된 이념으로 공유하게 만들 필요가 있다.

통일된 기업이념이 존재하지 않는다면 사원들은 이익만 올리면 된다는 생각으로 제각기 행동하게 될 것이다. 통일된 기업이념은 젊은 사람들을 적극 행동에 나서게 하고 활성화된 집단을 만들어 준다.

② 그 이념에 따른 체질 쇄신

기업이념을 대내외에 명시하는 일은 '우리는 이러한 기업이 되겠다' 고 사회에 공약하는 셈이다. 자연히 기업이념에 합치하는 체질 만들기가 중요사항으로 떠오른다. 체질을 변화시키려면 영업정책은 물론이고 사내의 각종 규칙, 업무 시스템, 관리경영 방식 등 체제 전반을 그 이념에 따라 점검, 개혁해 나가야 한다. 마크나 광고 디자인 등도 이념에 알맞게 통일시킬 필요가 있다.

특히 중요한 것은 바람직한 기업 만들기에 사원 전체가 한 마음 한 뜻으로 참가하는 일이다. 기업의 이미지를 좌우하는 것은 대개 고객을 직접 만나는 담당자의 인상이다. 한 사람의 영업 담당자가 취한 언동이 마음에 들지 않아 두번 다시 오지 않겠다고 말하는 예가 우리 주위에 흔히 있다. 염려스럽게도 은행 등 서비스산업에서는 특히 그러한 경향이 강하다.

'고객 위주의 서비스'라는 기업이념을 현실화하려면 고객을 접하는 현장 사람들까지 기업 이미지 만들기에 적극 매달려 서비스 방식과 업무 방식, 나아가 자신의 마음가짐까지 되살펴보아야 한다.

기업 이미지를 만들 때 어려우면서도 가장 중요한 부분이 이같은 전원참가일 것이다. 평소부터 사내에 전원참가라는 풍토가 갖추어져 있지 않으면 하기 어려운 일이다.

③ 사회에 알리고자 노력한다

기업이념을 사회에 밝히고 회사가 알맞는 체질 만들기에 노력하고 있음을 대중에게 이해시킬 필요도 있다. 그렇게 되면 이미지를 일반인이 받아들이는데 도움이 될 뿐더러 회사가 어긋난 행동을 할 때에는 충고도 기대할 수 있다. 그러한 과정을 통해 잘못된 기업 이미지가 형성되는 것을 막을 수 있다.

일본 은행들은 거품경제의 붕괴에 따라 크게 떨어진 이미지를 회복해야 할 당면 과제를 가지고 있다. 그러나 떨어진 이미지를 회복하는 것만으로는 충분치 않다. 사회와 고객이 다른 은행보다 먼저 찾도록 믿을 수 있는 이미지를 심어주어야 한다.

④ 사회봉사활동

스위스에서 있었던 일이다. 산을 내려오는 케이블카에서 본 마을 풍경으로 마음이 상쾌해졌다. 집집마다 창가를 예쁜 꽃으로 장식해 놓은 것이다.

"우리 마을을 찾은 분들에게 정성어린 마음을 보여드리기 위해서 꾸몄지요."

마을 사람들은 이렇게 말했다. 빨래는 밖에, 꽃은 집안에 들여놓는 생활에 젖어 있던 나에게는 새로운 충격이었다.

최근 사회봉사활동에 대한 인식이 높아지고 있다. 기업이 이익만 추구하지 말고 사회의 일원으로 앞장서 지역사회에 이바지해야 한다는 의식이다. 이익만 추구하는 기업은 이미지가 실추될 것이며, 반대로 지역발전에 기여한다면 사람들이 모여들고 기업도 발전의 혜택을 입게 될 것이다.

이제 기업에게도 주위에 피해를 입히지 않는 소극적 자세에서 한 걸음 나아가 자기가 속한 사회를 발전시키기 위해 적극적으로 행동할 때가 온 것이다.

은행도 마찬가지다. 처음에는 자금과 정보를 제공해 거래처가 잘 되도록 도와주는 것이 최대의 경영 과제였다. 다음에는 지역 자체의 번영을 목적으로 각종 프로젝트에 참가하거나 지역경제를 조직화했다. 그리고 이제는 행원 하나 하나를 포함하여 은행업무를 뛰어넘어 사회 발전에 이바지할 필요가 커지고 있다.

지역사회의 발전이란 그곳에 살고 있는 사람들의 행복과도 통하는 말이다. 다른 사람에게 미루지 말고 기업과 개인이 스스로 나서서 이 과제를 해결해야 한다.

기업의 사회봉사활동에 관해서는 이런 저런 주장이 많지만 여기에서는 개인의 행동 부문에 촛점을 맞춰 보고 싶다.

기업의 활동이라고 해도 사실 기업 구성원인 인간이 하는 일이 대부분이기 때문에 지시나 의무에 의해서는 오래 가지 못한다. 따라서 사회인으로서 스스로 납득하여 행동하려는 의식을 확립해야 한다.

지난번 모테기(茂木)에서 큰 수해가 났을 때 우리 은행에서는 200명이 넘는 직원들이 휴일을 반납하고 자주적으로 뒷처리를 도운 적이 있다. 참가자들은 저마다 마을 사람들로부터 고맙다는 말을 들었을 때 느꼈던 기쁨과 충족감을 이야기하여 무엇과도 바꾸기 어려운 좋은 경험이었다고 했다.

예전에 중학생이던 아들과 등산을 간적이 있다. 도중에서 쓰레기줍기 활동을 벌이는 자원봉사자들을 보고 아들과 나는 누가 먼저라 할 것 없이 거기에 끼어들었다. 자연의 아름다움이 우리의 마음을 순수하게 만들어 주었다. 정말 기분이 상쾌했다. 커뮤니케이션을 이루기 어려운 아버지와 아들이 똑같은 계기를 통해 이해를 쌓을 수 있었던 것이다. 우리 두 사람이 함께 쓰레기줍기에 동참한 것은 자원봉사자들에게서 받은 감동탓이었다.

우리들은 행동할 때 대개 사회와 자신을 위한 효과를 기대한다. 그 결과 뜻과 달리 오버 액션을 하거나, 기대한 평가를 얻지 못할 때도 있다. 풍요로운 환경에서 과보호 받고 자란 젊은 사람들은 주위에서 무엇을 해주는데 익숙해져 그것을 당연하게 받아들인다.

그러나 아무런 보답도 기대하지 않고 사람을 도울 때 느끼는 충족감은 뭐라고 설명할 수 없는 기쁨이다. 젊은 사람들이 이러한 충족감을 꼭 경험해 보았으면 좋겠다.

쓰레기를 버리지 말자 보다 쓰레기를 줍자를 제창하는 편이
어떨까? 우쯔노미야(宇都宮) 시(주:동경都내에 있는 市이름) 시민
들이 각자 빈 깡통을 하루에 하나만 주워도 40만 개나 된다. 일주
일만 그렇게 하면 200만 개가 넘는 빈 깡통이 거리에서 사라진
다. 이렇게 사소하게 자기 주변에서부터 출발하여 행동하는 것이
중요하다.

기업들마다 고객지향을 강조하고 있지만 그것을 정착시키기란
어렵다. 젊은 사람들이 무보수의 기쁨을 맛보았을 때 비로소 그
객에 대한 서비스도 바뀔 것이다. 기업 내부가 얼마나 활성화될
지는 더구나 말해서 무엇하랴.

4. 명확한 컨셉트

전략적인 경영에서는 먼저 '무엇을 위해' '무엇을 목표로 하는
가' 라는 컨셉트를 명확히 해야 한다.

내가 점포 전략을 담당하고 있을 때의 일이다. 예전의 규제금
리 시대에 일반적이었던 무제한의 점포 확대주의에 의문을 품게
되었다. 경영자원(사람과 돈)의 한계를 느꼈으며 고객의 기호에
정확히 대응할 필요가 있다고 생각했다 그렇게 하려면 기능별 점
포를 적절한 자리에 배치해야 할 뿐더러, 점포 정책에서도 종래
의 확대주의 대신 고객의 기호를 중심으로 한 새로운 컨셉트를
도입해야 했다.

소매금융 은행(Retail Bank)에서는 고객의 선택기준으로 편리

성이 가장 중요한 위치를 차지한다. 그래서 최소 투자로 고객의 편리요구에 대응하는 최대의 네트워크망을 갖추는 것이 앞으로의 컨셉트라고 판단했다.

마침 정부에서 대리점 방식을 인정한 것을 계기로 인구 집적도가 가장 높은 우쯔노미야 시를 비롯해 지방 주요 도시에 대리점, 출장소, 나아가 점포외 ATM등 조밀한 점포망을 확장하는데 주력했다.

하나의 풀 뱅크(Full Bank)점포를 기계화 소점포로 대치한다면 똑같은 투자로 여러 개의 영업거점을 꾸릴 수 있다. 게다가 고객의 가장 큰 필요는 예금 업무이므로, 풀 뱅크가 아니어도 가까이에서 이용할 수 있는 ATM만 있으면 충분하다. 이른바 은행의 창구를 고객 바로 옆까지 연장하려고 생각한 것이다. 가깝고 편리한 데다 3~5명밖에 안되는 소점포이므로 고객과의 커뮤니케이션도 개선되었다. 이렇게 입지조건에 따라 점포를 적소에 배치하고 네트워크를 정비하는 것이 최소 투자로 최대의 효과를 올릴 수 있는 가장 뛰어난 소매금융 은행 전략이 아닐까. 앞으로는 고객에게 가까이 다가감으로써 그들이 찾아오기 쉽게 하는 것이야말로 은행경영의 중요한 문제로 떠오를 것이다. 점포전략을 풀 뱅크 방식에서 대리점 등 기계화 소점포를 중심으로 한 네트워크망 구축으로 전환한 데에는 이러한 생각이 바탕에 깔려 있었다.

결과적으로 월급계좌를 중심으로 거래계좌도 늘어났고 지역의 단골이 꽃을 보내주는 등 커뮤니케이션도 원활해졌으며, 지역주민 누가 집을 지으려 하고 있다는 등 거래정보도 많이 얻을 수 있어 소매업무 은행 전략으로 효과를 거두었다.

그러나 이러한 방식을 처음 시작했을때는 예전의 사고방식에

따라 채산성은 어떤가, 거래계가 없어도 되는가 등 안팎의 비관
도 많았다.

점포정책에서는 개별 점포의 독립채산성도 물론 중요하지만 은
행 전체의 고객 편리를 고려한 네트워크 정비도 아주 중요하다.
나는 이것이 다른 은행에 대한 차별화 전략이라고 생각하고 담당
스태프들과 컨셉트를 공유하면서 비판을 무릅쓰고 강행한 것이
다.

결과는 성공적이었다. 오늘날에는 도시은행을 비롯한 다른 은
행들에서도 이 전략을 추진하는 곳이 늘어나고 있다. 그러나 우
리 은행은 땅값이 폭등하기 이전에 실행하였기 때문에 그만큼의
메리트를 가질 수 있었다.

① 기업 이미지 전달에도 영향
아시카가의 TV광고가 화제를 모은 적이 있다. 나는 TV광고가
해금되기 약 1년 전부터 담당 스태프에게 CM의 컨셉트를 명확히
해야 할 필요성을 역설하고 함께 철저히 의논해 나갔다.

기획업무 담당 관리자였을 때 이미 나는 포스터 · 달력 등 광고
선전은 다른 은행이 하고 난 뒤, 혹은 보너스 시기가 되면 의례히
하는 것이라는 고정관념을 깬 적이 있었다. 광고 선전은 '사전에
무엇을 노리고' '누구에게 무엇을 전하는가'와 같은 컨셉트를 명
확히 한 뒤에 실행하며, 반드시 모니터하여 성과를 측정하라고
엄격히 교육하였다. 컨셉트가 뚜렷하지 않으면 효과도 측정할 수
없다. 또한 효과가 오르지 않으면 투자한 의미가 없다.

이미 이러한 풍토가 조성되어 있는 담당 스태프들과 CM컨셉트
에 관해 의논을 거듭하였다. 은행들은 똑같은 상품을 취급하고

있기 때문에 판촉을 노린 CM은 그다지 의미가 없다. 그러나 기업 이미지를 어떻게 눈깜짝할 사이인 CM으로 만드는가도 큰 어려움이었다. 우리는 '그만 두자' 는 의견까지 포함하여 다양한 방안을 의논했다. 그 결과 본국(本局)의 방송 범위가 우리 은행의 기반보다 넓다는 데 주목하여 컨셉트를 '이름을 알린다' 로 통일했다.

이렇게 하여 고생끝에 스태프들이 정한 컨셉트를 바탕으로 드디어 아시카가의 광고가 탄생하였다.

제6장

인간에 관한 소론

- 인간다움이란 -

1. 나의 인간론

활성화의 출발점은 인간성 존중

조직의 활성화는 인간성 존중에서 시작된다. 사람을 존중하지 않는 기업에 활성화란 있을 수 없다.

사람마다 능력의 차이가 있음을 부정할 수 없지만, 능력이 뛰어난 사람과 평범한 사람이 함께 힘을 모아 서로 도우며 공동작업을 하는 곳이 조직이고 기업이다. 활성화된 직장이란 능력이 다른 여러 사람들이 모두 편안하고 생기있게 주체적으로 일하는 곳이다. 생각만 해도 멋지지 않은가.

활성화의 출발점은 인간성 존중이다. 사람을 단순히 숫자로 파악하는 인원수가 아니라 인적 자원으로 보고 일을 통해 사는 보람을 느낄 수 있게 만들어야 한다. 그렇게 한다면 자연히 기업도 활력 넘치는 곳이 되는 법이다.

나는 사람을 좋아한다. 그동안 여기 저기에 실은 나의 인간에 관한 소론(小論)을 여기에 정리해 보려고 한다.

2. 술꾼 변호론

흔히 우리는 술의 이로움보다 해로움에 대해 더 많이 말한다. 분명 술을 지나치게 마시면 건강을 해칠 수 있고 술이 원인이 되어 인생을 실패한 사람도 있다. 그러나 그렇다고 술을 마시는 모든 사람이 인생의 실패자라고는 말할 수 없다. 처음부터 성격이나 육체에 결함이 있는 사람이 술을 계기로 인생에서 실패하는 것이다. 그런데도 술 마시는 사람을 모두 한꺼번에 흉악범 취급을 하면 술 자체도 체면이 서지 않을 것이다. 사실 술의 해로움에 관해 말하는 사람들은 대부분 술을 마시지 않는 것은 아닐까. 그러므로 편견은 아니더라도 약간의 주관성이 포함된 평가가 아닐까.

은행원은 신용을 으뜸으로 여기며 성실하고 싹싹하지만 융통성이 없는 샌님같다는 이미지가 일반화되어 있다. 하지만 은행 안에는 "나도 인간이다"라고 부르짖는 사람이 많다. 따라서 단지 술을 마신다는 이유 만으로 그 사람이 은행에 크게 폐를 끼칠 듯이 경계하는 것은 아주 속 좁은 생각일 것이다.

이런 편견에 대해서 변변치 못하지만 용기를 내어(?) 세상의 술꾼들을 대신하여 맞서고자 한다.

술의 이로움

나도 세간의 평가에 따르면 틀림없이 술꾼의 부류에 들어가는 모양이다. 술에 취해 잃어버린 물건도 적지 않다. 시계, 라이터, 커프스 버튼, 우산 등……. 얼마 안되는 기간 동안 우산을 연달아 네개나 잃어버린 덕분에, 비 오는 날 집안에 우산이 전멸하는 곤란을 겪은 적도 있다. 취하면 잠들어 버려 상습적으로 내릴 곳을 지나치는 부류이기도 하다. 도저히 다른 사람에게 이야기할 수 없는 얼굴 부끄러운 실수도 유머집 한 권 분량은 될 것이다. 아내와 주변사람들에게 너무 폐를 끼쳐, 거짓말 하나 안 보태고 다시는 술을 마시지 않겠다고 결심한 때도 몇 번이나 된다. 특히 요즈

음은 나이 탓인지 술 마신 다음날이면 전날 밤의 일이 기억나지 않는 경우가 많아 정말 주의해야겠다고 반성하는 중이다.

그렇긴 해도 나도 모르게 술에 취해버릴 때와 거꾸로 아무리 마셔도 의식이 뚜렷해 취하지 않을 때가 있다. 마음을 열고 마시는가, 아닌가에 따라 차이가 나는 모양이다. 그러한 의미에서 나는 단지 술만을 원하는 알코올중독자는 아니라고 자위한다.

술이 세다고 자신의 주량을 자랑하는 사람도 있지만 그것은 자랑할 일이 아니다. 또 반대로 술에 강해지려고 일부러 마시며 연습을 쌓는 사람도 있다. 그러나 술이 강하다고 좋은 것은 절대 아니다. 술 마시는 연습은 돈만 낭비하는 어리석음의 극치이다.

확실히 술에는 사람을 미치게 만들 위험요소가 있다. 그러나 위험을 알면서도 굳이 그 가치를 인정하는 것은 다른 무엇으로도 대신할 수 없는 하나의 장점 때문이다. 그것은 바로 친구를 만들어 주는 효과이다.

사람이 타인과의 관계 속에서 아무리 자신의 마음을 터놓는다 해도 마음의 문을 모조리 열 수는 없다. 어쩌면 생물학적 자기방어 본능이라고 할 수 있을지도 모른다. 집단을 이루고 상부상조하여 살아가야 하는 존재이유로 무의식 중에 자신을 지키기 위해서 밖에서는 볼 수 없는 비밀을 마음 한 구석에 준비해 놓고 있다. 그러므로 아무리 서로 믿고 이해하는 사람끼리라도 어딘가에는 완전히 이해할 수 없는 막힌 부분이 있기 마련이다. 인간은 모두 고독하다는 말도 여기에서 나왔는지 모른다.

그러므로 비록 짧은 순간이지만 마음을 모조리 열어젖힌 무장비 상태를 마주할 때에는 비교할 수 없는 안도감과 연대의식이 생기고 커다란 친밀감을 느끼게 된다. 아무런 계산 없이 서로의 마음이 통하는 경우는 일상 생활에서 드문 일이다. 진짜 친구는 이런 경험을 통해 생길 때가 많다. 물론 오랜 기간의 교제와 노력, 그리고 함께 고생을 나눈 뒤에 쌓인 정으로 친구를 얻는 경우도 적지 않다. 그러나 하룻밤이라는 짧은 시간 동안 사람들의 마음을 나눌 수 있도록 더욱 가깝게 만드는 것은 술 이외에는 찾아보기 어렵지 않을까.

반대로 술을 아무리 마셔도 의식이 깨어있어 마음의 문이 열리지 않는 사람도 있다. 주변을 경계하며 자신에 대한 방어의식이 너무 강해서일지도 모른다. 또 상대방에게 시비를 건다거나 자기중심의 말과 행동 밖에 하지 못하는 사람도 있다. 이런 사람들과는 마음을 터놓고 마시고 싶어도 그럴 수 없다. 가장 싫은 부류는 머리 속의 계산이 빨라 무엇을 생각하고 있는지 도무지 알 수 없는 불성실한 사람들이다. 그러한 사람들은 '호주가'일지는 몰라도 내가 말하는 '술꾼'과는 조금 거리가 멀다. 그러므로 그들과는 술로 마음의 벗을 사귄다는 것도 통하지 않는다고 생각한다. 앞서 술이 세다고 좋은 것만은 아니라는 말도 여기에서 연유한다.

외로움과 슬픔, 기쁨을 함께 나눌 수 있는 상대와 마음을 열고 서로 이야기하며 노래를 부르고 술잔을 나누는 데에는 각별한 맛이 있다. 가장 좋은 상대는 나와 똑같이 바보가 되는 사람이다. 그러므로 술이 세지 않아도 좋다. 다른 마음 없이 감격할 줄 알며, 마음을 터놓고 같은 느낌에 빠져, 똑같이 살아있다고 실감할 수 있는 상대가 최고이다. 술을 지나치게 많이 마셔 다음날 머리를 움켜쥐는 것도 대개 이런 경우다.

술은 마음으로 마셔야 한다. 그럴 때 친구도 만들 수 있고, 술의 이로움을 주장할 수도 있다.

술꾼과 은행원의 이미지

보통 '은행원'이라면 깔끔한 옷차림과 정중한 언어, 냉정하고 진중하며, 융통성이 없어 사람 냄새가 나지 않는 이른바 중성인 간을 떠올리기 쉽다. 소설에서도 약간 경멸하는 투로 별 재미없는 은행원으로 묘사하는 경우가 많다. 그렇다면 사람 냄새가 강한 술꾼은 은행원으로 알맞지 않다는 말일까?

분명 은행은 사람들이 귀중한 돈을 맡기는 곳이므로 믿을 수 있어야 한다. 따라서 거기에서 일하는 은행원들도 당연히 신용을 잃지 않도록 언행을 조심해야 한다. 그러나 그렇다고 은행에는 차갑고 계산 빠른 중성인들만 있으며, 또 마땅히 그래야 한다고 속단하는 것은 옳지 않다.

은행의 신용력은 자산 내용의 충실성과 수익성, 성장력 등에 의해서 판단해야지 (다른 업종의 기업처럼) 특별히 다르게 보아야 할 이유가 전혀 없다. 또 뭐라고 이야기하든 은행만큼 조직적, 체계적으로 업무가 이루어지고 체크 기능이 정비된 기업은 흔히 찾을 수 없다. 그러므로 상대적으로 비교하면 비록 문제될만한 사람이 있어도 실제로 문제가 일어날 확률은 다른 기업보다 훨씬 낮은 편이다. 그럼에도 불구하고 세상이 은행에 한해서 하찮은 착오와 몇 년에 한번 꼴로 발생하는 사고를 문제삼는 것은, 일반 사람들이 객관적으로 은행의 신용력을 판단할 만한 기준이나 눈에 보이는 상품으로 구별할 방법을 가지고 있지 않기 때문일 것이다.

그러므로 나쁜 짓을 하는 직원이 소속된 은행은 덩달아 평판도 떨어지기 쉽다. 일반 사람들이 그런 직원이 없는 곳을 신용있는 은행이라고 생각해도 어쩔 수 없는 노릇이다.

　이렇게 보면 은행의 구성원인 우리는 업무의 특성상 당연히 나쁜 짓은 물론이고 착오와 문제를 일으켜 신문 위에 얼굴을 내밀지 않도록 주의해야 한다. 또 일반 사람들에게 주는 영향을 고려하여 중용과 조화 감각을 의식적으로 갖추어야 한다. 그러나 이것을 가지고 은행원 모두가 특별한 사람이어야 한다고 생각한다면 결론의 비약일 수밖에 없다.

　인간적, 사회적으로 비난받는 사람이 속해 있는 기업이 덩달아 평판도 떨어지는 예는 은행에 한정된 일이 아니다. 그러므로 "더욱 주의한다"라는 수식어를 잊지 않는다면 은행원일지라도 기본적으로 일반 사회인과 같은 정상적인 판단 감각을 가지고 행동하는 것이 최선 아닐까?

　여기에서 더욱 중요한 점은 사람들이 은행의 구성원 전체에게는 견실한 것을 요구하면서도 자신이 직접 만나는 한명 한명의 은행원들에 대해서는 전혀 다른 의식을 가지고 있다는 점이다. 사람들은 '은행원'적인 중성인간을 직접 대하면 종종 '재미없다'는 평가를 내린다. 그런 평가의 이면에는 좀더 인간적인 사람을 기대하는 마음이 숨어있지 않을까.

　대출이나 예금 모집, 정보 수집 등 은행의 업무는 거의 대부분 사람과 사람 사이의 협상이다. 협상은 그 일을 처리하는 사람 자체가 결과를 크게 좌우한다. 은행업무에서는 은행의 이미지뿐 아니라 거기에 종사하는 은행원 '○○씨'에 대한 평가가 성과에 크게 영향을 끼친다. 이러한 대인관계에서 '재미없다'는 평가를 받는다면 과연 얼마나 큰 성과를 기대할 수 있을까?

　오히려 중요한 협상일수록 형식적이고 표면적 관계가 아니라 이해와 공감을 바탕으로 한 깊은 인간관계가 있어야만 성공할 수 있을지도 모른다. 나 자신도 그렇게 생각할 수밖에 없는 경험을 적지 않게 가지고 있다. 은행 밖의 인간관계가 이럴 때 하물며 매일 함께 일하는 직장에서 인간적인 이해는 없고 형식적, 표면적인 관계만 존재한다면 과연 얼마나 보람있는 일이 이루어질 수 있을까. 이는 기술과 수단의 문제가 아니라 뒤에 다시 말할 인간성 문제이다.

내 주위를 돌아보아도 앞서 말한 일반적으로 평가하는 중성적 은행원들은 아주 적다. 실제로 은행에서 만나는 사람들은 생각코다 훨씬 인간 냄새가 강하며 남성적, 행동적이다. 나의 얕은 경험 속에서도 새로운 일을 시작할 때나 문제점을 해결하고 개혁할 때 중심 역할을 맡았던 사람들은 적극적으로 행동하는 혈기왕성한 인간적인 사람들뿐이었다.

미래에는 전통적인 업무를 유지하는 데에서 한 발 더 나아가 엄격한 환경을 뚫고 창조와 혁신을 거듭해야 한다. 그렇게 하지 않으면 은행도 더이상의 번영은 바랄 수 없다. 그렇다면 그 역할을 수행할 수 있는 것은 누구일까? 바로 진취적이며 적극적으로 행동하는 이른바 새로운 유형의 은행원이 아닐까.

우리 모두 주저없이 사람 냄새가 강한 진취적인 인간이 되자고 제창한다면 과연 잘못일까.

술과 인간성

은행 업무에서 인간성으로 귀착되는 대인관계가 중요하다는 점에 동의한다면 가능한 한 인간성의 함양에 힘쓰지 않으면 안된다. 그리고 아전인수격이겠지만(?) 술에 의해 사람됨의 폭을 넓힌다는 데에서 술꾼이 자기변호를 할 수 있는 여지가 나온다.

여기에서 오해해서 안될 점을 한 두 가지 분명히 밝히고자 한다. 하나는 음주운전이다. 우리 주변에는 술을 마셔도 운전을 잘할 수 있다고 자신하는 사람이 많다. 나도 꼭 그렇지 않다고는 자신할 수 없다. 그러나 나는 운전에 관해서만은 극단적인 겁장이이다. 차사고를 일으켜서 같이 탔던 아내에게 큰 부상을 입힌 무서운 기억이 어제 일처럼 떠오른다. 심지어 꿈에도 나타난다. 다른 사람들은 도저히 그 두려움을 알지 못할 것이다. 스스로 그렇게 담력이 작다고 생각하지 않지만 십년이 지난 지금도 '끽-' 하는 자동차의 급제동 소리만 들리면 무서운 생각이 든다. 결국 아내의 부상을 계기로 오랫동안 사랑하던 차를 처분하기로 했다.

세상의 일 가운데 변명할 수 없는 일이란 그리 많지 않다. 하지만 어떻게도 변명할 수 없는 것이 있다. 술을 사랑한다면 차 열쇠를 버려라. 그것이 술꾼의 최저 자격이다. 나 스스로 사람의 목숨과 관계된 두려운 경험을 해보았기 때문에 강조하는 말이다. 술꾼 여러분은 그 때문에 차까지 팔아버린 사람이 있다는 사실을 기억해주기 바란다. 인생은 술 이상으로 소중하다. 단 한 번의 실수로 망쳐버리기에는 너무 아깝지 않은가. 어차피 도박을 할 바에야 훨씬 큰 것에 목숨을 걸기 바란다. 운전에 관해서 술꾼인 나는 지독히 보수적이다.

변명할 수 없는 두번째 문제는 술을 통해 고객과 유착하는 것이다. 술꾼이 비난받는 커다란 이유가 음주운전과 함께 이 유착 문제에 있다는데 주의해야 한다.

본래 이해관계만으로 묶인 사이는 진실한 친구라 할 수 없다.

앞서 말했듯이 술에 의해 친구가 생기는 경우는 인간적 이해를 바탕으로 해야만 가능하다. 사고방식, 인간성 등에서 서로 이해하고 의견이 통하는 친구를 말하는 것이다. 그러므로 아무리 함께 술을 마셔도 어느 누구나 친구가 될 수는 없다. 상대의 인간성과 나의 인간성이라는 두 가지 요소가 친구가 될 수 있는지를 가늠하는 결정 요인이다. 요컨데 자기 이상의 친구는 불가능하며 자기가 받아들일 수 없는 마음의 소유자와는 친구가 되지 못한다.

나아가 아무리 친구가 되었다 해도 옳고 그름을 분별해야 한다는 점은 말할 나위도 없다. 아니, 서로 이해하는 사이라면 오히려 남들이 말하기 어려운 단점을 지적해도 상대가 잘 수긍하지 않을까. 유착을 통해 옳고 그름의 판단을 내릴 수 없게 되는 것은 자신의 인간성과 자세에 달린 문제이다. 쉽게 말해 더러운 술을 마시는가 아닌가는 마음자세의 문제이지 술만을 흉악범 취급할 수는 없다는 뜻이다.

물론 술을 마시지 않는 사람들 중에도 인간성이 좋은 사람이 많고 또 술을 마시는 사람 중에도 품성이 좋지 않은 사람들도 있다. 원래 인간성은 오랫동안 경험과 자신을 위한 공부와 노력 등을 쌓아 자기 나름대로 완성해 가는 것이다. 그러므로 거기에 알맞은 생활태도를 갖추지 않으면 무슨 수를 써도 인간성이 풍부해지지는 않는다.

그러면 인간성이란 대체 무엇일까. 일방적인 관점일지도 모르지만 인간성이 풍부하다는 것은 다른 사람의 마음을 쉽게 이해할 수 있다는 뜻이 아닐까.

세상에는 갖가지 사고방식이 존재한다. 극단적으로 말하면 사람마다 얼굴이 다르듯이 마음도 모두 다르기 마련이다. 그렇게 다양한 마음을 이해하려면 우선 자신의 넓은 마음이 필요하다. 관용이 아니라 상대의 마음에 공감할 수 있도록 자신의 마음을 가능한 한 넓혀야 한다는 뜻이다. 마음의 넓이를 갖추기 위해서는 인내가 아니라 얼마나 다른 사고방식과 마음을 많이 만났는가, 얼마나 이해하려고 노력했는가 하는 경험의 크기가 중요하다.

자신의 사고방식만 고집하거나 마음에 성벽을 쌓아 타인이 들어오는 것은 물론이요, 자신도 나가려 하지 않는다면 다른 사람의 마음을 이해할 수 없으며 공감하는 부분도 절대 생기지 않는다.

바로 여기에서 이 글의 주제인 술이 등장한다. 앞서 술은 마음을 열게 해준다고 말했듯이, 평상시에는 쉽사리 보이지 않는 마음의 안쪽을 술을 통해 서로 열어 보일 수 있다. 다른 마음을 이해할 수 있는 자신의 마음 한 부분을 키워 나간다면 서로 이해하는 사람이 생기고 따라서 친구도 늘어나기 마련이다.

이렇게 생각하면 술이 꼭 부정적인 요소만 있는 것은 아니다. 마시는 사람에 따라 마음을 넓게 해주고 진정한 인간관계를 맺는데 도움이 되는 긍정적인 측면도 찾을 수 있다.

오랫동안 하찮은 이야기를 늘어놓았지만 내게는 술꾼을 예찬하거나 반대로 술 마시지 못하는 사람을 비난할 속셈은 전혀 없다. 그저 술을 마신다는 한가지 이유를 획일적인 기준으로 삼아 사람

을 한번에 판단하지 말자는 것이다. 경우에 따라서는 술도 쓸모가 있다는 점을 말함으로써 조금이라도 나 자신을 변호하려 했을 뿐이다.

때로 나이나 직장이 다른 사람들과 '취한다'는 공통의 감정 속에서 지내는 밤은 즐거울 뿐더러 배우는 바도 많다. 카운터에 나란히 앉은 낯선 타인과 젊은 시절의 노래를 함께 부르며 청춘의 정열을 기억하는 것도 즐거운 일이며, 평소 딱딱한 인상으로 두려워하던 사람에게서 뜻밖의 인간미를 발견하여 마음이 따뜻해지는 경험도 좋은 일이다. 특히 평소에 접하기 어려운, 겉치레를 버리고 진흙투성이처럼 살아가는 이른바 밑바닥 계층의 사람들에게서 인생을 배우는 것도 어쩌면 술꾼만이 가지는 특권인지도 모른다. 신분이나 지위 그리고 인간성은 무관하다는 사실을 말뿐 아니라 몸으로 겪을 수 있는 기회를 가지면 삶을 살아가는 방식에도 조금은 도움이 될 것이다.

술과 더불어 산 지 벌써 20년, 해마다 약해져 가는 내 자신을 느낀다. 이제 슬슬 음주형태를 운치를 즐기는 방향으로 바꿔야겠다고 생각하는 중이다. 요즈음에는 밤늦도록 음악을 들으며 조용하게 한 잔의 브랜디를 맛보는 것도 그런대로 괜찮다는 생각이 든다.

스트레스가 많은 하루 하루 속에서 퓨즈가 2~3개 나간 듯이 정신없는 생활을 견디어 온 것도 나에게는 그저 '술 선생님' 덕분이었을지도 모른다.

(아시카가 은행 사내보 76년 3월)

3. 낙선자여 힘을 내라!

조사역 시험 면접자의 입장에서

올해도 조사역 선발시험의 면접에 참여하게 되었다. 기분이 무거운 며칠이었다. 이번에도 자신의 뜻과 달리 또 한 해를 기다리는 사람들이 많이 생겨났다. 나의 채점 결과도 그 원인의 일부라고 생각하니 가슴이 아프다. 그들 하나 하나에게 격려의 편지라도 보내고 싶은 마음이다. 아마 다른 면접자나 인사부 사람들도 마찬가지일 것이라고 생각한다. 혹시 작은 위로가 될지 모른다는 생각으로 몇 줄 적어 본다.

이번 시험은 조사역에 필요한 자질 및 능력을 갖춘 적임자 가운데 비교하여 뽑기 때문에 대부분 예상한 결과가 나왔을 것이다. 그러나 승진이나 시험에서 아무리 공정성을 유지하려 해도 사람이 하는 일인 이상 한계가 있을 수밖에 없다. 관리자로 뽑히는 일이 그 사람의 인생에 절대적인 의미를 가진다면 적어도 나만큼은 관여하고 싶지 않다. 그러나 과연 승진이 인생에 절대적인 의미를 가지는 것일까.

이번 면접에서 나는 훌륭한 의견을 듣고 감동받았다.

"저는 지난 해 시험에서 떨어졌습니다. 다른 사람에 대한 배려가 모자란다는 이유때문이었습니다. 결점을 알고 난 뒤 괴로웠지만 올 한 해 힘껏 노력했습니다. 저에게는 결코 무익한 일년이 아니었습니다. 오히려 지난 해에 떨어진 것이 저에게는 플러스였습니다."

진지하게 말하는 이 젊은이에게 힘을 내라고 말하고 싶은 마음

이 나도 모르게 솟구쳤다. 틀림없이 지난 해와는 비교할 수 없을
만큼 인간됨의 폭을 넓힌 그에게 가슴이 뜨거워질 정도로 감동을
받았다. 사람이 사람을 선택하고 다른 사람의 인생을 좌우한다는
엄청난 부담 속에서 이 젊은이의 말은 더 없는 구원이었다.

　인사고과를 매기고 시험을 치르는 일은 뛰어난 사람을 뽑기 위
한 것이라 생각한다. 그런데 소수의 천재를 제외하면 대개의 사
람은 노력함으로써 향상될 수 있다. 다른 사람보다 노력하고 괴
로움을 참으면서 비로소 훌륭한 사람이 된다. 기업이 요구하는
것도 바로 이러한 사람이 아닐까.

　자기 자신은 잘 보지 못해도 다른 사람의 장단점은 잘 아는 법
이다. 여러 면접자의 판단이 대개 일치하는 것도 그런 이유일 것
이다. 또 시험을 치르는 당사자는 올바르다고 믿어도 많은 경험
을 쌓은 사람의 눈으로 보면 아직 부족하다고 생각되는 경우도
많이 있다. 그러므로 선발시험 결과만 놓고 일희일비(一喜一悲)하
지 말고 그것을 순수하게 자기발전의 계기로 받아들여 살려가야
할 것이다.

　물론 누구나 체면이 있고, 동료보다 뒤떨어질 때는 굴욕감을
느끼기 마련이다. 나도 그러한 경험을 해보았다. 그러나 이미 끝
난, 어쩔 수 없는 일을 가지고 끙끙 앓아봤자 소용이 없다. 나는
그럴 때에는 분한 생각을 자신에게 돌린다. 그래서 이를 악물고
책을 읽는다. 그럴 때에는 평소 잘 읽히지 않던 어려운 책 내용도
머리 속에 쏙쏙 들어오고 어느 사이 믿을 수 없게 기분이 후련해
진다. 앞서 말한 젊은이처럼 억울함과 고통을 이겨내고 자신의
결점을 받아들여 고치려고 노력한 결과가 지금의 나에게 귀중한
양식이 되었다고 믿는다.

샐러리맨이라면 누구나 출세를 하고 싶어 하는 것은 당연하다. 사람은 그러한 소망이 있기 때문에 노력하고 성장하는 것이다. 어느 기업이든 출세를 단념한 사람들만 있다면 이윽고 활기도, 매력도 사라질 것이다. 그러므로 아무리 나이를 먹어도 출세하고 싶다는 소망을 버려서는 안된다.

그러나 조직 속에서 포스트는 제한되어 있다. 단계를 올라갈수록 그 수는 더욱 줄어든다. 극단적으로 말하자면 사장이 되는 것은 한 명뿐이다. 선택된 한 사람보다 더 많은 사람들이 남을 수밖에 없는 구조이다. 그러므로 중요한 점은 뽑히기 위해 한층 노력을 하는 것은 물론, 떨어져도 거기에 대응할 수 있는 사람이 되는 일이라 생각한다.

포스트에 대신하는 사람의 가치

기업 속에는 여러 가지 역할과 업무가 있다. 그것이 모여 기업을 움직인다. 위대해지고 싶어도 모든 사람이 그 희망을 이루리란 보장은 없다. 그러니 비록 뽑히지 않았어도 낙심하지 말며, 팀을 위해 내 역할을 다하겠다는 마음가짐을 잃어서는 안된다.

한 배에 탄 이상 절대 거추장스러운 사람이 되어서는 안된다. 위대해지는 것도 좋지만 나라 제일의 하사관, 기업 제일의 운전수가 되겠다는 마음가짐은 더욱 소중하다. 야구는 9명이 하는 경기이다. 투수만이 스타는 아니다. 묵묵히 팀을 위해 그림자처럼 일하는 것이야말로 진정 아름다운 태도가 아닐까.

그렇다면 출세는 어떻게 보면 좋을까. 나는 지금 같은 비즈니스 사회에서는 개인 플레이의 시대는 지나고 공동작업이 대두되고 있다고 본다. 따라서 공동작업을 종합하는 뛰어난 리더십과, 팀 운영에 크게 공헌할 수 있는 사람이 필요하다. 위대한 사람이 공동작업에 방해가 될 수도 있다.

이와 같은 사회에서 출세란 단지 위대하게 된다거나 급료를 많이 받는 것이 아니라 오히려 책임있는 입장에 서는 일이자 거기에서 얻는 충족감이 아닐까. 출세했다고 뽐낼 수 있는 시대는 이미 지나갔을 지도 모른다. 출세했다는 것은 전보다 훨씬 힘든 입장에 서게 되었다는 이야기이다. 윗사람으로서의 어려움을 이겨낼 수 있는 사람만이 그 역할을 다할 수 있다. 그렇게 생각하면 직함을 얻는 것에만 매달리기 보다 얼마나 팀에 공헌할 수 있는가, 공헌하기 위해서는 일을 어떻게 하고 공부는 어떻게 하여 올바른 인간됨을 갖출 수 있을까를 고민하고 노력하는 편이 더 중요하다.

팀에 도움을 주면 자연히 모든 사람의 인정을 받게 된다. 중요한 업무일수록 가만히 있어도 그러한 사람에게 모여드는 법이다. 출세가 아니라 정말 일을 잘 해보고 싶다고 생각할수록 저절로 그렇게 된다. 내 생각에 의하면 현대에서 말하는 출세의 진정한 의미는 직함보다 얼마나 도움되는 사람이 되어 책임을 맡느냐는 것이다. 그러한 사람은 가만히 있어도 모두가 뽑아주는 법이다. 또 그러한 사람을 뽑도록 노력하고 뽑을 수 있는 틀을 만드는 것이 기업과 관리자의 책임이다.

야구에서 타자는 홈런을 치기 위해 언제나 노력을 게을리 하지 않는다. 그러나 선수 모두가 홈런왕과 수훈타자가 되기를 바라고, 다른 사람의 발목을 잡아끌더라도 스타가 되고 싶어한다면 그 팀은 시합에서 이길 수 없다. 때로 4번 타자라도 번트를 대야 하는 것이 팀 플레이이다. 자신들보다 뛰어난 사람이 있다면 기꺼이 리더로 떠받들어야 한다. 그러한 리더가 될 수 있도록 항상 협동하며 그 속에서 자기를 닦아나가야 하지 않을까.

길고 긴 인생에서 몇 해 뒤떨어진다고 크게 문제가 되지는 않는다. 인생의 종점에 서서 얼마나 인간이 되었는지, 얼마만큼의 일을 했는지 가늠하는 것이 인생의 참된 승부일 것이다.

사람이 성장하는 데에는 본보기가 있으면 훨씬 도움이 된다. 자기 주변에서 본보기를 찾아내라. 그리고 그 사람과 비교하여 자신에게 모자라는 요소가 있다면 아직 할 일이 남았다고 생각하라. 그러면 시험에 떨어진 것을 체념하기 쉬울지도 모른다. 어차피 사람이 하는 일이므로 실수도 있을 수 있고 운도 따를 수 있다고 생각하라. 그러면 역시 체념하기 쉽다. 단, 미숙함과 노력 부족이 문제라면 변명할 여지가 없다. 오늘의 결과에 끙끙 앓기보다 엄격한 현실을 직시하고 참된 의미에서 도움되는 사람이 되고자 새로운 마음가짐으로 출발하자.

내 절친한 친구 중에는 사람들에게 절대적인 신뢰를 받는 훌륭한 변호사가 한 사람 있다. 그 친구는 고학으로 오랜 고생 끝에 변호사가 되었다. 그래서 법률만 아는 다른 수재들에게서는 보기 힘든 따뜻한 인간미가 있어 찾는 사람이 많다고 들었다. 나는 그를 친구라고 부를 수 있다는 데 커다란 자부심을 느낀다.

기다리는 일은 괴로운 법이다. 그러나 아무리 낙심해도 그것 또한 자신의 인생임에는 변함이 없다. 그렇다면 고통을 오히려 인격 도야의 계기로 삼을 수 있었으면 한다. 그것이 면접 담당자로서 갖는 절실한 바람이기도 하다. 합격했다고 만족하는 사람과 몇 번 괴로움을 겪더라도 그것을 양식으로 크게 성장하는 사람의 차이가 5년 혹은 10년이라는 긴 세월을 거치며 어떻게 드러나는지 구태여 말할 필요도 없다.

문제는 시험에 붙느냐 떨어지느냐 같은 하찮은 일이 아니라 도움되는 사람으로 크게 성장하느냐 못하느냐이다. 자신의 나아갈 길과 방향을 놓치지 말고, 가슴을 펴고 크게 한 번 살아보자.

(아시카가 은행 사내보 78년)

4. 사람들에 이끌려 살아 온 25년

언제까지나 젊다고 생각했는데 어느새 장기근속자 명단에 끼게 되었다. 지난 25년의 은행 생활을 돌이켜보면 문자 그대로 갖가지 사람들의 도움을 받고 살아온 역사였다.

나는 결함투성이 인간이다. 따라서 오늘날까지 은행과 함께 살아온 것은 그러한 나를 이해하고 도와준 수많은 벗들 덕분이다. 마음 속 깊이 감사한다.

생각해보면 은행만큼 사람과의 접촉을 토대로 하는 일은 없을 것이다. 서비스 산업이 모두 그렇듯 은행도 전형적인 노동집약형 산업으로서 눈에 보이지 않는 '신용'을 팔기 때문에 안팎으로 이뤄지는 사람들과의 접촉이 기본이다. 그러므로 은행원이 되어 가장 많이 배운 점은 사람과의 교제방식이었던 것 같다. 또 돌이켜보면 가장 충실히 일한 때는 존경하는 상사에게 신뢰받아 책임을 맡았을 때였다. 이렇게 윗사람에게는 부하를 믿는 자세가 필수적으로 필요하다고 생각한다. 특히 외국부와 경리부 등 베테랑 부하들이 많은 부문에서는 윗사람이라도 지식이나 자신감이 모자라면 그들에게 기꺼이 도움받는 것외에 다른 방법이 없다. 나의 역할은 단지 베테랑들이 의욕을 가지고 협력하여 일을 잘 할 수 있도록 준비, 종합해주는 이른바 '사람계(係)'의 역할일 뿐이라고 생각했다.

사람계의 세 가지 과제

사람들과 관계맺는 방식에는 세일즈나 인사관리 기술 등 여러 가지가 있지만 사실 사람들 사이에 기술을 끼여들이는 것은 바람직하지 않다.

예전에 거짓말 하나 안 보태고 이 상사를 위해서라면 죽어도 좋다고 생각한 적이 있었다. 상사가 나를 신뢰한 덕분에 사는 보람을 느낄 수 있었기 때문이다. 그래서 어떤 어려운 일도 힘든 줄 몰랐으며 그저 힘껏 일해 조금이라도 도움이 되고 싶었다.

좋은 리더가 되려면 부하에게서 이 정도의 신뢰를 받아야 하지 않을까. 오늘날까지 나는 어떻게 하면 그러한 리더가 될 수 있을까를 나의 과제이자 숙원으로 생각해 왔다. 그래서 스스로에게 나름대로 세 가지 과제를 부여했다.

첫째는 '사람을 믿는 것'이다. 사실 나부터 결점투성이 인간이기 때문에 다른 사람의 결점을 시정해줄 만한 능력이 없다. 그러므로 거꾸로 상대의 장점을 찾아서 키워주고자 노력해 왔다. 장점만 보면 차츰 그 사람이 좋아지는 것처럼 느껴진다. 사람은 기계가 아니므로 당연히 실수를 저지르게 되어 있다. 잘못을 하거나 괴로움을 느낌으로써 비로소 다른 사람의 고통과 괴로움도 알 수 있다. 그러한 경험이 살아있을 때야말로 차츰 현명하고 억센 사람으로 자랄 수 있다. 잘못을 전혀 겪어보지 못한 쪽이 훨씬 약할지도 모른다.

많은 사람들이 부하의 잘못으로 책임을 지게 된 경험을 해보았을 것이다. 그래도 나는 부하가 그저 사죄한다거나 벌벌 떨기보다 먼저 상담을 청할 수 있는 그런 상사가 되고 싶다. 또 부하를 의심하기보다 그러한 바람을 가지고 믿는 편이 훨씬 마음이 편하다. 부하의 신뢰를 저버리면서 지켜야 할 정도로 가치있는 지위는 존재하지 않는다고 생각한다.

둘째는 '위대하지 말 것'이다. 조직에는 종적 관계가 있다. 그러나 그것은 명령계통과 책임관계를 명확히 하기 위한 것뿐이다. 선장은 방향을 지시하고 배 안을 통합관리하며, 화부는 불을 땐다. 이런 서로 다른 일들이 모두 갖춰질 때 비로소 배는 움직인다. 직분과 역할이 차이날뿐 신분에 상하가 있는 것은 아니다. 모두 함께 공동작업을 한다는 수평적 관계만이 존재한다. 자신의 역할을 책임있게 수행하며 상대의 역할을 인식하여 서로 보완해주는 수평한 관계를 통해 공동작업을 해나가는 직장만큼 멋진 곳은 없을 것이다. 거기에는 '위대한 사람'이 설 자리가 없다.

셋째는 '사람의 마음을 이해할 수 있을 것'이다. 사람들마다 얼굴이 다르듯 마음도 갖가지이다. 그런데 마음을 이해할 수 없다면 그 사람도 믿을 수 없는 것이 아닐까. 자신의 안경을 통해서만 본다면 마음을 이해할 수 없다. 자신의 잣대에 구애받지 않고 또 자신의 마음 울타리를 벗어나 순수하게 받아들여야 한다.

다양한 사람들과 이야기를 나누면서 스스로 마음의 넓이를 넓힐 때 비로소 다른 사람들의 마음도 이해할 수 있을 것이다. 또 그러한 넓고 풍부한 마음을 갖출 때 비로소 사람들과 만나는 접촉의 폭도 크게 늘어날 것이다. 나는 언제나 그러한 사람이 되고 싶다. 그래서 될 수 있는 대로 다양한 사람들과 마음을 열고 이야기를 나누는 경험을 쌓고 싶다. 또 순수하게 감동받을 수 있는 마음도 잃고 싶지 않다. 더러운 공기에 익숙해져 무감동하게 되지 않도록 이제부터라도 좋은 공기와 멋진 자연, 사람의 소박한 마음을 접하고 싶다. 감동적인 음악과 소설을 대하고 눈물도 흘리고 싶다.

이러한 과제를 스스로에게 부과하면서 아직까지 조금도 성장하지 못했음을 부끄러워한다. 그럼에도 불구하고 훌륭한 사람들에게 둘러싸여 언제나 도움받고 살아 올 수 있었던 행운을 진심으로 감사한다. 25년을 보내면서 은행 안팎으로 나이가 많든 적든 마음이 통하는 많은 친구를 얻었다. 이보다 귀중한 재산은 다시 없을 것이다. 이 귀한 재산을 더욱 늘려갈 수 있기를 바라는 마음 간절하다.

(일본금융통신 79년 1월)

고맙습니다

골프가 끝나자 시중을 들어준 캐디가 "오늘은 좋은 분을 모시게 되어 좋았습니다. 고맙습니다."라고 말했다.

나는 깜짝 놀랐다. 실력이 너무 형편없어 다른 사람들보다 훨씬 심부름을 많이 부탁해야 했던 나야말로 인사를 해야 할 처지라고 생각했기 때문이다. 그래서 이유를 물어보았다.

그녀는 여러 고객을 따라 다녔지만 잔디밭에서 공을 주워올 때마다 오늘 만큼 "고맙습니다"라는 인사를 자주들은 적이 없었다고 말했다. 그래서 오늘은 자신의 일에 보람을 느낄 수 있었다는 것이다.

꽤 오래 전, 업무상 마닐라에 간 적이 있었다. 그 때 동행했던 A씨가 식사를 할 때마다 꼭 웨이트리스에게 "댕큐"라고 웃으며 말한다는 사실을 깨달았다. "영어를 잘하는 것도 이득이지요"라는 내 말에 A씨는 "말이 아니라 마음이지요. 일본 사람은 '댕큐'라는 말을 알지 못해요"라고 대답했다. 그 말은 내 가슴을 강하게 때렸다.

서비스에는 댓가를 치른다. 그래서 받는 것이 당연하다고 생각해도 이치에 어긋나지 않는다. 그러나 당연하다고 받아들일 때에는 아무런 감동도 일어나지 않는다. 돈을 치렀는데 서비스가 나쁘다고 생각하면 자기 기분만 나빠질 따름이다. 그럴 때 "고맙습니다"라는 한 마디가 얼마나 서로의 기분을 좋게 만드는지 생각한다면 이치에 구애받아 뽐내는 일은 어리석다고 밖에 말할 수 없으리라.

중요한 것은 서비스 요금의 유무에 관계없이 앞서 말한 A씨처럼 다른 사람이 무엇을 해주었을 때 진심으로 고맙다고 느끼느냐이다. 곧 감수성, 인간성의 문제이다. 자기중심적인 '당연하다'는 말이 버젓이 통용되는 세상 속에서 나는 순수하게 감사할 줄 아는 마음을 잃고 싶지 않다. A씨의 가르침을 소중히 간직하고 싶다.

직장에서도 마찬가지이다. 주어진 직무와 역할을 온 힘을 다해 수행하는 것은 직장인으로서 당연한 일이다. 그러나 상사가 부하

에게 당연하다는 태도를 보이는 것과 "잘 했네. 고마워…."라고
말하는 것은 하늘과 땅의 차이이다. 상사의 '고맙다'는 한 마디가
부하의 사기를 얼마나 돋궈 주는지 모른다.

나는 무능하기 때문에 내 사고방식을 이해하고 스스로 알아서 행
동해 준 많은 동료의 도움으로 겨우 일을 해나갈 수 있었다. 감사의
마음이 절로 우러나와 "고맙습니다"라는 말이 안 나올 수 없었다.

그런데 직장이나 사회에서는 서로의 마음을 알고자 최대한 신
경을 쓰지만 오랫동안 함께 생활해 온 아내에게는 '고맙다'는 말
조차 좀처럼 사용하지 않는다. 이 점에서 나도 완전한 실격자라고
인정하지 않을 수 없다. 단 하나뿐인 최고의 반려자야말로 커뮤니
케이션을 소중히 여겨야 할 텐데 오히려 아내가 해주는 것은 '당
연하다'고 느낀다거나 멋적다. 또는 이심전심이라는 편리한 이유
속에 오해와 충돌의 씨앗을 만들지 않았나 크게 반성한다.

나는 몇해 전부터 결혼기념일에 꽃다발을 안고 귀가하기로 했
다. 서로 알고 있다고 생각하는 부부 사이에도 역시 "고맙습니
다."라는 인사가 필요하다는 사실을 깨달은 다음이었다. 또 여행
을 갈 때는 가능하면 아내와 함께 간다. 수줍음을 잘타는 나로서
는 아직 고맙다는 말을 입 밖에 낼 수 없지만 부족하나마 행동으
로 보이고 싶기 때문이다. 북해도에서 오키나와까지 일본을 돌았
으며 해외에도 가보았다. 다양한 사람들과의 교제를 만끽한 즐거
운 여행이었다.

그러나 일상생활에서는 여전히 한편에서는 신문을 들고 아침식
사를 하고, 또 한편에서는 대화가 부족하다고 화를 낸다. 단 하나
의지가 되는 아내에게 하다못해 고맙다는 말이라도 하자는 생각
은 머리속을 맴돌지만.

참고문헌

『경영의 자그마한 힌트』(淺野喜起 저. 일본경제신문사)

『기업경영 성공의 비결』(上同. 유비각)

『경영 시리즈』(일본경영 시스템(주))

『역피라미드의 기업경영』(鹽川正人 저. 시사통신사)

『MTS의 모든 것』(上同. 일본능률협회)

『소설 우에스키 다카야마(上杉鷹山)』(童門冬二 저. 학양서방)

『정(정)의 관리, 지(지)의 관리』(上同. PHP문고)

『타임 베이스 경쟁』(보스턴 컨설턴트그룹 저. 프레지던트 사)

   BCG '케이퍼빌리티 경영 세미나'

『인재를 죽이는 시대』(江坂影 저. 문예춘추사)

『은행의 전략 혁신』(맥킨지 금융그룹. 동양경제신문사)

KI 211
사람을 살리는
은행혁신

지은이 / 이토 시게오
옮긴이 / 강신규

1판 1쇄 발행 / 1997. 6. 3
1판 2쇄 인쇄 / 1997. 11. 25

펴낸곳 / 21세기북스
펴낸이 / 김영곤
책임편집 / 김기옥

등록번호 / 제10-314호
등록일자 / 1989. 4. 4

서울시 강남구 역삼동 831-47 광성빌딩 1002호
전화 / 556-8007(기획·편집), 556-0557(영업)
팩시밀리 / 565-6717, 556-4060

값 7,500원

ISBN 89-509-0272-9 13320